21世纪职业教育规划教材 · 民航服务系列

民航客舱服务与技能

主　编◎马　丽　吴　云

副主编◎武　岳　张　菁　董　慧
郝姚丹　骆莎莎

中国人民大学出版社

· 北京 ·

图书在版编目（CIP）数据

民航客舱服务与技能/马丽，吴云主编．-- 北京：中国人民大学出版社，2020.2
21 世纪职业教育规划教材．民航服务系列
ISBN 978-7-300-27706-6

Ⅰ.①民… Ⅱ.①马… ②吴… Ⅲ.①民用航空—旅客运输—商业服务—职业教育—教材 Ⅳ.①F560.9

中国版本图书馆 CIP 数据核字（2019）第 274057 号

21 世纪职业教育规划教材·民航服务系列
民航客舱服务与技能
主 编 马 丽 吴 云
副主编 武 岳 张 菁 董 慧 郝姚丹 骆莎莎
Minhang Kecang Fuwu yu Jineng

出版发行	中国人民大学出版社		
社　　址	北京中关村大街 31 号	**邮政编码**	100080
电　　话	010－62511242（总编室）		010－62511770（质管部）
	010－82501766（邮购部）		010－62514148（门市部）
	010－62515195（发行公司）		010－62515275（盗版举报）
网　　址	http://www.crup.com.cn		
经　　销	新华书店		
印　　刷	北京昌联印刷有限公司		
规　　格	185 mm×260 mm　16 开本	**版　　次**	2020 年 2 月第 1 版
印　　张	12.5	**印　　次**	2024 年 1 月第 5 次印刷
字　　数	277 000	**定　　价**	32.00 元

前言

客舱服务是空乘服务的重要环节。客舱服务人员作为航空公司的形象代表，一言一行都至关重要，其服务水平的高低直接影响旅客对航空公司的印象，在很大程度上决定着他们是否会再次选择某个航空公司的航班。

客舱服务是一项实践性很强的工作，客舱服务人才培养重在素质与技能。本书在编写中贯彻能力本位教育思想，遵循“以职业能力需求为导向，以职业活动为单元组织课程”的思路，实行“以工作引导学习”或“在工作中学习”的教学模式，努力将客舱服务的新技术、新工艺、新规范纳入其中。全书分为客舱服务、乘务员预先准备阶段、乘务员直接准备阶段、乘务员飞行实施阶段一、乘务员飞行实施阶段二、特殊旅客服务及管理、航后讲评与客舱人员管理等7个工作领域，23个工作任务，58个活动项目。在使用本教材时，建议关注以下三个问题：

1. 了解产业需求，进行岗位能力分析

要想确保学生成为企业所需的应用型人才，必须充分了解企业需求，全面剖析空乘岗位所需具备的职业能力。通过行业调查与研判，我们确定空乘人员的职业能力涉及旅客登机和服务、乘务组准备、旅客监管、特殊旅客服务、空中餐饮服务、应急处置、飞机抵达服务、飞机紧急撤离、航后总结和服务、空中商品推广等10个工作范围，46个任务，209个能力单元。根据空乘岗位职业能力构建空乘专业的课程体系，努力实现人才培养对接产业需求，课程内容对接职业标准，教学过程对接工作过程，培养学生的职业能力。

2. 对接工作过程，构建课程结构体系

客舱服务工作涉及的知识和能力相对集中，对综合应用能力和解决实际问题的能力要求较高，需要具备较强的协同工作能力和组织能力，故经验和经历对于客舱服务人员工作质量的提升特别重要。建议一年级学生在校内实训中心进行技能训练，二、三年级学生则交替进行校内训练与企业顶岗。为此，要重构基本素质能力培养和技术应用能力培养相融并举的模块化课程体系。

3. 坚持能力本位，完善学业考核制度

建立科学的学业考核制度是开展能力本位教学的重要保证。应当制定体现职业能力的课程考核标准，建立以空乘服务技能考核为主线的开放式、全过程的评价体系，加强实践性教学环节的考核，以小组为单位，学生自评、互评、师评相结合。以工作任务模块为阶段，过程性考核和终结性考核相结合。考核重点由原来的知识记忆向知识运用转变，由单纯的理论考试向理论实践一体化考核转变。注重学生的职业素质，对在学习和应用上有创新的学生给予鼓励。组织校内专业教师、行业专家、带教师傅共同参与考核。

本书由马丽、吴云任主编，负责全书内容结构设计、审读、统稿和把关；武岳、张菁、董慧、郝姚丹、骆莎莎任副主编，参与资料收集和本书的编写。

在本书编写过程中，编者参阅了大量的教学资料、文献专著和网络资源。在此，向这些资料、文献的作者表达诚挚的谢意。同时感谢中国国际航空公司、中国南方航空公司、中国东方航空公司、海南航空公司的同行，上海旅游高等专科学校的领导和同事，上海民航职业技术学院、江苏航空职业技术学院、中华职业学校空乘专业的教师，以及上海东海职业技术学院的学生给予的帮助和支持。

由于编写时间仓促，编者水平有限，书中疏漏与不当之处在所难免，敬请读者批评指正。

编者

2019 年 8 月

目　录

项目一
客舱服务

情境引入

丽丽在今年六月份完成了空乘专业两年的在校学习，第三年实习开始，她想进入一家航空公司。在接到航空公司的面试通知后，她做好了充分的准备工作。经历了初试、复试和终审的层层选拔后，丽丽终于顺利地进入了航空公司。由于在培训期间表现优异，她有幸成为一名带飞乘务员。职业生涯刚刚开始，丽丽会面临各种各样的困难。不过，坚强而又自信的她相信只要脚踏实地，不断积累经验，潜心学习，终会在未来的工作生活中大放异彩。

项目目标

知识目标：

- 了解客舱服务的工作内容；
- 了解客舱服务的流程；
- 了解客舱乘务员岗位职责；
- 了解民航乘务员职业标准。

技能目标：

- 能够熟练掌握服务的专业术语；
- 能够熟练掌握客舱服务的流程；
- 能够掌握客舱乘务员岗位职责。

素养目标：

- 培养积极进取、细致周到的职业素养；
- 培养创新意识、责任意识和服务意识；
- 培养团队凝聚力、执行力。

任务一 了解客舱服务

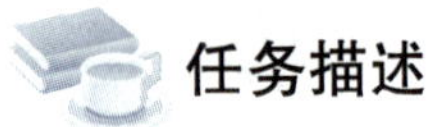

任务描述

民航客舱服务是一项烦琐的工作，在客舱服务中，空乘人员的服务是受旅客关注的环节，本任务主要通过服务概说和客舱服务概说两个活动，说明客舱服务是航空公司乘务员与旅客面对面服务交流的一个重要方面。

活动一 服务概说

服务是指为他人做事，并使他人从中受益的一种有偿或无偿的活动。其不以实物形式而以提供劳动的形式满足他人某种特殊需要。

新加坡航空公司是这样界定服务的：我们这一行，旅客是最重要的人物。不是旅客依靠我们，而是我们必须依靠旅客。旅客不是妨碍我们的工作，他们是我们提供服务的依据，为他们提供服务不等于给予他们方便，相反应该说是他们给予我们提供服务的机会，旅客并不是局外人，他们是我们业务中的一部分，旅客和我们一样，有喜好、有偏见、有感情、有情绪。归根到底，旅客是我们事业的原动力。

一、基本服务

基本服务是旅客最基本的要求，是乘务员要做的最基础工作，要求安全、便捷和正点。安全是航空公司的生存之本，航空公司要发展必须保持持续安全。只有具备“安全永无止境，每天从零开始”的意识，才能保证持续安全。

二、服务的含义

“SERVICE”是服务的英语翻译，它的每一个字母包含了服务的具体含义。

S——Smile for everyone（微笑待客）；

E——Excellence in everything you do（精通业务）；

R——Reaching out to every customer with hospitality（态度友善）；

V——Viewing every customer as special（贵宾礼遇）；

I——Inviting your customer to return（欢迎再来）；

C——Creating a warm atmosphere（温馨环境）；

E——Eye contact that shows we care（眼到心到）。

海底捞作为全国餐饮业排名前几位的火锅店，一向以优良的服务为宗旨。一次一位客人在海底捞用餐时打了一个喷嚏，服务员就吩咐厨师做了碗姜汤送来，客人很感动，这并非一个偶然事件。很多顾客都曾有过类似的经历。比如说孕妇会得到海底捞的服务员特殊的照顾，如果某位顾客特别喜欢店内的免费食物，服务员也会单独打包一份让其带走；两个人用餐，点菜时可以点半份……这就是海底捞成功的秘诀，实惠的价格，享受的是星级服务。毫无疑问，这样一个以人为本的餐饮企业必会使人流连忘返，回头客也络绎不绝。服务的重要性在海底捞得到非常好的体现。

我们可以把对旅客的服务过程分成“N个接触点”，需要努力在每个接触点给旅客瞬间感受，要做到这一点，关键就是要关注细节。

边学边练

LZ空乘181班服务课课间休息时，窗外下起了雨，雨水从窗外飘进了教室，正在实操练习的张恒看到后……

根据上述情景，请同学们分小组，每4～5位同学组成一个乘务组，指定1名同学作为乘务长，其余同学为乘务员，进行服务创新。操作提示如下：

操作1：关窗户；

操作2：移开专业书和文具；

操作3：拿纸巾擦有雨水的桌椅；

操作4：将废纸巾放入纸篓。

活动二 客舱服务概说

一、客舱服务的定义

客舱服务是指航空公司通过在客舱内为旅客提供餐饮服务、娱乐节目等具体的服务项目以及微笑、热情、友好等各种表现形式，满足旅客生理和心理的、物质和精神的需要，形成一种和谐的气氛，产生一种心理效应，从而使旅客乐于交流、乐于再次乘坐的一种活动。

二、乘务工作的特点

乘务工作是以客舱为服务的工作场地，由乘务员按照民航服务的内容和要求将有形的技术服务与无形的情感传递融为一体来满足旅客需求的综合性活动。

（一）客舱安全第一

客舱安全是航空公司的首要目标，它作为安全飞行的一部分，也是飞行安全最基本的保证。乘务员作为客舱服务的实施者，承担着保证旅客安全的责任，不仅要为旅客提供优质服务，还要做好客舱内的安全工作 。

（二）工作环境特殊

客舱服务是在客舱内进行的，由于机舱内空间有限，所以客舱服务有别于其他的服务行业。如何利用有限的资源为旅客进行优质服务，这对乘务员具有很大的挑战性。乘务员应该注意餐车的推拉方式，注意柜门的开启和关闭，注意递送餐饮的顺序，避免烫伤旅客，物品的摆放和各项操作都要规范进行，以防失误导致的客舱安全事故的发生。

（三）劳动强度大

乘务组从进入客舱开始，需要进行清舱、检查应急设备和服务设备、清点餐食和机供品、检查客舱卫生及补充用品等工作；旅客登机后，乘务员要对旅客进行迎客、鞠躬致礼、安全检查、安全演示和安全提醒；在平飞阶段，乘务员需要为旅客提供餐饮等多种服务，尽可能满足旅客需求。在整个过程中，乘务员不能慌乱和出现差错。此外，在注重特色服务的同时，也要注重个性化服务。

（四）对乘务员的要求高

在客舱这种特殊环境内服务，服务的过程和对象较为特殊，可能会有各种情况发生，乘务员需要具有较强的心理素质、随机应变的能力和良好的沟通能力，能够跟不同的旅客进行沟通，具备亲和力，让旅客感到宾至如归。

客舱服务说来并不简单，它是客舱服务工作的核心内容，主要根据航班服务的基本流程编排，分为四个阶段，即预先准备阶段、直接准备阶段、飞行实施阶段和航后讲评阶段。

第一阶段：预先准备阶段。

预先准备阶段是指客舱乘务员从查询飞行任务至登机前的准备工作阶段。此时乘务员需要了解航班的飞行航线、航班号、机型、起降时间、签到时间、机组乘车时间、乘务组信息等，需要做好预先准备工作，按时参加飞行前准备会议，如确认飞行任务、航前签到。

第二阶段：直接准备阶段。

直接准备阶段是指客舱乘务员登机后至旅客登机前的阶段。乘务组登机后，各区域乘务员在指定或合适的位置存放好乘务员工作包，不要放在旅客座位上，并打开所有行李架。按照岗位职责完成各项准备工作：检查应急设备（急救箱、应急医疗箱、灭火瓶、氧气瓶、应急灯、洗手间烟雾探测器、应急发射器、应急手电筒、救生衣、氧气面罩、安全带）、《安全须知》、加长安全带、乘务员及旅客座位安全带、出口、洗手间自动灭火系统、喊话喇叭、航空“生化隔离包”、防烟面罩 PBE、内话系统；检查旅客娱乐系统及旅客控制组件；测试娱乐系统的视频、音频效果；测试客舱照明系统、阅读灯、呼唤铃、视音频调节状态；确认机供品，了解品种、质量；确认厨房用品齐全，清点餐食并通知乘务长签食品单；清理洗手间并确定设备完好，确认报纸、毛毯等已经摆放整齐；确保飞行组中无外来人员和外来物品。准备完毕后由负责的乘务员报告乘务长。

边学边练

每4～5位同学组成一个乘务组，指定1名同学作为乘务长，其余同学为乘务员，进行直接准备阶段的操作练习，具体操作如下。

操作1：检查客舱设备及服务设施。

(1) 客舱（座椅靠背、小桌板、脚踏板、烟灰缸盖板、行李架等）；(2) 厨房（厨房配电板、烤箱、烧水杯、烧水器、咖啡壶、冷水管、储物柜及餐车位固定装置、餐车刹车装置、垃圾箱盖板、水槽）；(3) 洗手间（自动灭火装置、马桶抽水系统、垃圾箱盖板、马桶盖板、洗手用水系统，无外来人和物）。

操作2：检查客舱及洗手间卫生。

(1) 客舱（客舱地板、小桌板面、座椅、厨房、储物柜、隔帘、客舱壁板清洁卫生）；(2) 洗手间（台面、镜面、马桶、地板干净）。

操作3：清点、检查机供品、餐食数量和质量。

根据食品公司提供的机上供应品，按照餐食清单逐一进行清点，了解各餐食种类、数量及质量；有无特殊餐食，及其数量与摆放位置；机供品的品种、数量及质量。报告乘务长，做好签收交接工作。

操作4：客舱、厨房准备。

(1) 书报、杂志整齐摆放在指定位置；(2) 毛毯、枕头等物品按规定摆放；(3) 洗手间服务用品的摆放；(4) 餐车（特殊餐食）、水车准备（茶水、咖啡）；(5) 啤酒、白葡萄酒的冷藏。

步骤5：迎客前准备。

(1) 清舱（检查洗手间、服务间、衣帽间、客舱有无外来人员和外来物品）；(2) 播放登机音乐；(3) 调亮客舱灯光；(4) 整理个人仪表仪容；(5) 所有检查完毕后向乘务长报告。

第三阶段：飞行实施阶段。

飞行实施阶段是指从旅客开始登机到飞机落地乘务组下机阶段。它直接体现航空公司服务质量的好坏和服务水平的高低。乘务人员应主动、热情、周到、有礼貌地为旅客服务。在这个阶段，乘务员主要是为旅客提供服务，接待旅客要文明礼貌、面带微笑，使用文明用语；为旅客提供物品或者餐饮时，应主动向旅客介绍名称和内容。对旅客的要求能满足的尽量满足，不能满足时应给旅客一个合理的解释，沟通时注意表达的方式。随时保持客舱内的清洁和卫生，细心观察旅客的动态，及时为旅客提供帮助，在飞机颠簸时提醒旅客注意安全，工作时步伐轻盈，以避免打扰旅客休息。

边学边练

乘务员执行航班具体做哪些工作？学生分组进行某一项的操作练习，具体操作如下。

操作1：迎客。

（1）乘务员必须在指定位置热情迎接旅客，面带微笑、主动问候旅客。（2）乘务员主动引导旅客就座，协助安放行李。（3）帮助老、弱、病、残、幼旅客入座并做个别简介。（4）发现不符合客舱安全规定的行李物品，及时向乘务长/机长报告。（5）如时间允许，可对所有舱位的旅客提供报刊、枕头、毛毯服务。（6）乘务员清点人数要做到核对准确。（7）确认应急出口旁旅客资格。

操作2：关舱门前。

（1）旅客登机完毕后，与地面人员核对旅客人数，与舱单相符后报告机长。（2）确认机组人员到齐，各类文件、单据齐全。（3）确认客舱内无外来人员、物品。（4）报告机长客舱准备完毕。

操作3：关舱门（按规定完成关门程序）。

乘务长通过PA发布操作舱门分离器（滑梯）预位；（检查客梯/廊桥已撤）乘务长发出“各舱门乘务员请到位，操作舱门分离器（滑梯）预位”的指令，操作人、检查人到位，按检查单进行操作并报告“×门分离器预位”，做到：心到、耳到、眼到、手到、口到。

操作4：飞机起飞前（滑行/起飞前）。

（1）关机门广播。（2）乘务员检查手机状态。（3）迎宾广播：乘务员站位准确，用中、英两种以上的语言广播，语调亲切，音量适中，发音清晰、准确。（4）介绍应急设备：播放录像前广播通知旅客并调暗客舱灯光，录像音量适中，乘务员演示（救生衣、氧气面罩、安全带、应急出口、应急出口方向指示灯、《安全须知》）时，动作统一、规范。（5）安全检查：每位旅客安全带系好；小桌板全部收起扣紧；座椅靠背调节到正常位置；行李箱扣好，客舱过道及应急出口不得堆放物品；门帘拉开、扣紧，打开遮光板；头等舱、公务舱个人电视小屏幕、脚踏板放到正常位置，小屏幕搭扣扣好；确认机上无人开启和使用电子设备；确认已固定餐车、储物柜，关闭电烤箱、烧水杯开关；收起鲜花、香水等，盖上马桶盖，锁闭洗手间；严禁吸烟。（6）广播：航班延误时应及时向旅客说明原因，表示歉意。（7）夜航滑行时，调暗客舱灯光，厨房灯光放“暗”位。（8）乘务员坐好、系好安全带和肩带：必须坐在规定位置上，保持坐姿；报告乘务长/机长客舱准备完毕。（9）起飞信号发出后，及时向旅客广播再次确认系好安全带；乘务长向乘务组发出“乘务员各就各位”的指令。

操作5：起飞后（不配餐航线的服务程序）。

（1）航线介绍及其他内容介绍/会员招募广播。（2）打开洗手间门锁，整理好卫生用品。（3）书报、杂志服务。（4）饮料、湿纸巾、果仁服务。（5）回收服务。（6）洗手间清理。(7) 广播预报到达时间及地面温度(2小时以内航班落地前20分钟预报)。(8) 下降前广播(2小时以内航班落地前15分钟进行)。(9) 安全检查。(10) 乘务员坐好、系好安全带和肩带:必须坐在规定位置上,保持坐姿;报告乘务长/机长客舱准备完毕。(11) 夜航下降时,调暗客舱灯光,厨房灯光放"暗"位。(12) 着陆提示信号发出后,广播通知旅客再次确认安全带已系好;乘务长向乘务组发出"乘务员各就各位"的指令。

步骤6:起飞后(配餐航线的服务程序)。

(1) 航线介绍及其他内容介绍/升舱广播/会员招募广播。(2) 烘烤热食。(3) 打开洗手间门锁。(4) 书报、杂志服务(及儿童读物、礼品的发放)。(5) 餐前饮料准备。(6) 播放娱乐节目(根据机型和时间,向旅客派发耳机,协助旅客调试耳机)。(7) 广播供餐。(8) 餐前饮料服务,同时送湿纸巾。(9) 餐食服务。(10) 餐中酒水服务。(11) 回收服务。(12) 客舱巡视/会员招募。(13) 洗手间清理。(14) 广播预报落地时间、地面温度(2小时以上航班落地前35分钟预报)。(15) 回收耳机服务(落地前25分钟进行)。(16) 下降前广播(2小时以上航班落地前25分钟进行)。(17) 安全检查。(18) 乘务员坐好、系好安全带和肩带:必须坐在规定位置上,保持坐姿;报告乘务长/机长,客舱安全检查已落实。(19) 夜航下降时,调暗客舱灯光,厨房灯光放"暗"位。(20) 着陆提示信号发出后,及时向旅客广播再次确认系好安全带和肩带;乘务长通过PA发布向乘务组发出"乘务员各就各位"的指令。

步骤7:落地后。

(1) 广播欢送词,使用中、英文两种以上语言广播,语调亲切,速度适中;飞机未停稳前,劝阻旅客不要起立或打开行李箱;禁止点名指责站起的旅客;航班延误应再次向旅客表示歉意。(2) 交还限制性物品并收回单据。(3) 乘务长通过PA发布操作舱门分离器(滑梯)解除预位(飞机完全停稳,"系好安全带"灯灭);乘务长通过PA发布"各舱门乘务员请到位,操作舱门分离器(滑梯)解除预位"的指令,操作人、检查人到位,按检查单进行操作并报告"× 门分离器解除预位",做到:心到、耳到、眼到、手到、口到。(4) 灯光调至最亮,调节时注意从暗到亮。(5) 播放音乐。(6) 打开舱门:检查客梯/廊桥是否到位,接到地面工作人员"可以开门"信号后再打开舱门;开门前,再一次确认分离器(滑梯)解除预位。(7) 欢送旅客:着装整齐、礼貌道别;安排VIP、头等舱旅客先下飞机,协助特殊旅客下机。(8) 检查客舱:如发现旅客遗留物品,立即报告机长,通知地面有关人员。(9) 到站航班:与食品公司进行交接。(10) 过站航班的工作:补充洗手间卫生用品,提醒清洁部门补充《安全须知》,检查客舱卫生;与食品公司人员清点餐食、饮料等,然后向乘务长汇报;停站期间,各区域应有乘务员值班,巡视客舱。(11) 联程航班:通知旅客携带贵重物品,下机时领取过站登机牌。(12) 过夜航班的工作:预留并且封存好回程机供品、服务用具,填好回收单;如更换机组,做好必要的交接工作。

步骤8：接待旅客注意礼貌细节。

(1) 要做到文明礼貌，面带微笑，服务中要使用文明用语。(2) 为旅客发送饮料和食品时，要面对旅客，主动介绍名称及内容。(3) 对同一排的旅客，应从里向外，依次传递。(4) 对外宾、女宾、老人、儿童应优先照顾。(5) 如无意碰撞或影响了旅客，应表示歉意，取得对方谅解，旅客下机时还应再次道歉。

步骤9：细微服务。

(1) 空中实施阶段，应随时保持有乘务员在客舱内，细心观察旅客动态，及时处理旅客所需要帮助解决的问题。对需要照顾的老、幼、病、残、孕等特殊旅客提供及时周到的服务。(2) 夜航飞行，乘务员应注意客舱灯光、温度的调节。头等舱旅客睡醒后，乘务员要主动送上热毛巾，提供服务。(3) 随时注意检查洗手间卫生及安全状况，保持洗手间卫生，干净无异味。(4) 对睡觉的旅客提供毛毯，对阅读书报、杂志的旅客打开阅读灯，有影像设备的飞机要协助旅客调试影像频道。(5) 提供饮料、餐食服务时，要注意特殊旅客的餐饮服务，对休息睡觉的旅客，不要打扰，应记住其座位排号，等旅客睡醒后，及时为其提供服务。

步骤10：语言服务技巧。

服务语言是典型的职业用语，它的语言主题都是由职业词汇构成，一般情况下包括机舱内服务用语，主要有飞机结构、航空概况、航空地理、旅游景点介绍、空中服务等。对于以语言表达方式为主要服务内容的乘务人员来说，服务用语事关服务质量、服务态度的大问题。

(1) 客舱常用服务用语："欢迎您乘坐本次航班""请出示您的登机牌""请跟我来""我帮您拿行李""这是呼唤铃，如果需要帮助请按一下它，我会第一时间出现在您的身旁""请将座椅靠背调直""让您感到舒适是我们的职责"。(2) 客舱内禁止使用的服务用语："没有了""供应完了""没办法""这不关我的事""这是地面的事""这是其他部门的事，与我们没关系""不能放这""你去告好了""找我们乘务长""我不知道""我忙不过来""你想干什么"。(3) 特殊情况时服务用语："跟我来""跟我学""服从我的命令""你必须这样""听从指挥""坐""跳""动作快""到这边来"。

第四阶段：航后讲评阶段。

航后讲评阶段是指完成航班任务后的工作讲评，是进一步巩固和提高服务质量的重要环节。主要是积累经验、吸取教训，以提高下次任务的服务质量。航班任务结束后，应由乘务长召集全体乘务组人员，认真总结本次航班的服务工作，在航班上反映出的问题，应填写在乘务日志上，认真填写客舱故障记录本，对于重大事故要填写重大问题事故报告单。乘务长组织讲评会，汇总各区域的工作情况，提出存在的问题及改进措施；反馈与各相关部门的协调、配合情况；认真填写乘务日志、相关单据提交；做好应急医疗箱、资料箱等物品及文件资料交接；如遇有特殊情况，及时向有关部门汇报。

任务二　了解乘务员

任务描述

本任务主要有三个活动：一是掌握乘务专业术语；二是了解乘务员岗位职责；三是知晓乘务员职业标准。通过这三个活动的学习，学生对民航乘务员的专业术语、岗位职责及职业标准应有更加深入的了解。

活动一　掌握乘务专业术语

一、乘务员部分专业术语

乘务员：是指出于对旅客安全的考虑，受运营人指派在航空器客舱内执行安全和服务的机组成员。

任务：乘务员所执行的航班飞行计划。

签到：起飞前在规定的时间内到航班调度部门或签到机处进行指纹和脸部识别签到确认。

乘务组协作会：飞行前一天或飞行前按规定的时间参加由乘务长组织的航前协作会议。主要内容包括复习航线机型知识、分工、了解业务通知、制定服务方案和客舱安全紧急脱离预案等。

机组协作会：飞行前一天或飞行前由机长召集，机组成员及带班乘务长、安全员参加。主要内容包括汇报各工种准备情况，听取机长的有关要求等。

机供品：航班上为旅客和机组服务时使用的饮料、酒类，以及服务用具。

回收：将机上剩余的供应品等清点后放入规定餐箱、餐车内，并填好回收单的工作过程。

清舱：旅客登机前或旅客下机后，安全员或乘务员检查机上所有部位，确保机上无外来人员、外来物品。

航线图：标明飞机飞行航线、距离及地点的图示。

航班：在规定的航线上，使用规定的机型，按规定的日期、时刻进行的运输飞行。

载重平衡图：以空机重心指数作为计算的起点，以确定飞机的起飞重心位置，并根据飞机重心位置的要求，妥善安排旅客在飞机上的座位和各货舱的装载量制图。

随机业务文件袋：总申报单、旅客舱单、载重平衡、货运单及邮件单等业务文件。

服务规范：规范即标准之意。服务规范即为服务范围的规程和标准等。

服务程序：就是按时间的先后依次安排的服务工作步骤。

国内航线：是指往返于国内各城市之间的航线。

航班小食品：在航班上为普通舱旅客提供的两顿正餐之间的方便小食品（通常在3小时45分钟以上的国内航线提供）。

二、乘务员专业英语代码及缩写

（一）英语代码

F舱：First Class　头等舱

C舱：Business Class　公务舱

Y舱：Economy Class　经济舱

K舱：Budget Class　有折扣的经济舱

CF：Chief Purser　乘务长

PS：Purser　乘务长

FS：First Class Stewardess　头等舱乘务员

CS：Business Class Stewardess　公务舱乘务员

SS：Economy Class Stewardess　经济舱乘务员

PAX：Passenger　旅客

UM：Unaccompanied Minors　无人陪伴儿童

CIP：Commercial Important Person　商务旅客

VIP：Very Important Person

重要旅客：政府要员、外交使节、部以上领导及公司认可的要客

VVIP：Very Very important　Person

非常重要的旅客、国家元首、享受专机待遇的要客

IATA：International Air Transport Association　国际航空运输协会

ICAO：International Civil Aviation Organization　国际民用航空组织

（二）缩写

CAAC　中国民用航空总局

SOC　运行控制中心

CIQ　海关、移民局和检疫

DA　乘务长

AT　乘务员

FAT　头等舱乘务员

ATT　乘务教员

ATCK　乘务检查员

CAP　机长

CCAR　中国民用航空规章

ATC　空中交通管制

CML　客舱设备记录本

HA　乘务长

SG　安全员

BAT　公务舱乘务员

CS/T　新乘学员

CHR　飞行检查对象

活动二 了解乘务员岗位职责

一、乘务长

乘务长是乘务组的负责人，主要负责组织领导客舱服务，督促乘务员按规定做好服务工作，确保服务质量和客舱内的安全。乘务长需要认真核实签收的各种文件，负责有关物品交接，填写“客舱故障本”“问题反映单”等；负责飞行组以及地面部门的协调工作；在航班出现特殊情况时，有权对服务计划进行更改，调整乘务员工作；出现紧急情况时，按照机长指令，指挥乘务员进行紧急处置，疏散旅客；航班完成后负责组织讲评会并认真填写“乘务长工作单”。

二、客舱乘务员

客舱乘务员的主要职责是保证客舱安全，在机长的领导下实施客舱安全、服务等工作。

作为一名客舱乘务员，主要负责实施本区域的客舱服务和安全工作；负责实施模拟舱乘务各阶段的工作；负责向乘务长报告客舱信息，提出建议；负责完成乘务长交办的其他服务工作；负责实施本区域各类应急情况处置程序。

在2018年建党97周年的纪念日（同时也是吴尔愉的生日），在上海航空公司的客舱部，每年的这一天有一个人、有一个身影、有一种精神一直感染着我们，让我们每个人都能坚定信念、勇往前行。她，就是全国劳模、东航首席技师吴尔愉。在这个特殊的日子里她依然坚守在岗位上，用最纯粹的责任担当、最真诚的亲切微笑表达着作为一名共产党员、一位民航人的初心使命。在航班中她都是身体力行，对于年轻的乘务员也是一如既往的严格要求，倾囊相授间又感受到了一种“工匠”精神。

三、头等舱乘务员

要有较丰富的服务工作经验，能准确回答旅客提出的各种问题；对头等舱旅客实行称呼姓氏的服务；起飞前按检查单严格检查服务供应品、餐具、食品、餐食配备情况；供餐前要保证餐食和食品、餐具整洁，认真布置和摆放服务用品；熟练掌握头等舱中、西餐的供应程序和服务技能；细心观察旅客的需求，服务要做在旅客开口提出要求之前；下机时安排头等舱旅客先下，便于地面优先接待。

四、专职安全员

负责领取、携带空防器械，并做好交接工作；负责国际（地区）航线护照（通行证）的领取与交接，核实乘务组人数、名单；全程负责对外来物品和无证人员的监控及清舱工作；全程监控旅客动态及驾驶舱门区域的安全；紧急撤离时服从机长/乘务长的指挥。

五、厨房乘务员

负责实施乘务各阶段工作（清点机供品、餐食并汇报）；负责厨房设备检查、操作、维护、水车的准备工作；负责后舱的旅客管理，协助乘务员做好服务工作。

六、客舱广播员

飞行前要认真熟悉和背诵广播词；按服务流程进行良好的客舱广播；向旅客广播服务内容、航线介绍及安全规定；遇有特殊情况，及时用中外文广播通知旅客；广播时，发音准确、清晰，语调柔和，音量适中。

活动三　知晓乘务员职业标准

2006 年 11 月 3 日劳社厅发［2006］27 号文《关于印发民航乘务员等 2 个国家职业标准的通知》（以下简称《标准》），根据《中华人民共和国劳动法》，劳动和社会保障部、中国民用航空总局共同制定了民航乘务员国家职业标准。

一、职业概况

民航乘务员是指根据空中服务程序、规范以及客舱安全管理规则在飞机客舱内为旅客服务的人员。本职业共设四个等级，分别为：二级民航乘务员（国家职业资格二级）、三级民航乘务员（国家职业资格三级）、四级民航乘务员（国家职业资格四级）、五级民航乘务员（国家职业资格五级）。

民航乘务员的职业能力特征是具有较强的表达能力和观察、分析、判断能力；具有一定的空间感和形体知觉、嗅觉；手指、手臂灵活，动作协调；身体无残疾，无重听，无口吃，无色盲、色弱，矫正视力在 5.0 以上；男性身高在 1.74m 以上，女性身高在 1.64m 以上；无犯罪和不良记录。学历为高中毕业（或同等学力）。民航乘务员的培训期限要求为：全日制职业学校教育，根据其培养目标和教学计划确定。晋级培训期限：二级民航乘务员不少于 100 标准学时；三级民航乘务员不少于 80 标准学时；四级民航乘务员不少于 80 标准学时；五级民航乘务员不少于 300 标准学时。

（一）适用对象

从事或者准备从事本职业的人员。

（二）申报条件

（1）五级民航乘务员（具备以下条件之一者）：

1）经本职业五级正规培训达规定标准学时数，并取得《客舱乘务员训练合格证》。

2）在本职业连续见习工作 1 年（含）以上。

（2）四级民航乘务员（具备以下条件之一者）：

1）取得本职业五级职业资格证书后，连续从事本职业工作 2 年以上，经本职业四级正规培训达规定标准学时数，并取得结业证书；

2）取得本职业五级职业资格证书后，连续从事本职业工作 4 年以上；

3）连续从事本职业工作 6 年以上；

4）中专（含）以上本专业及大专（含）以上非本专业毕业生，连续从事本职业工作 2 年以上，经本职业四级正规培训达规定标准学时数，并取得培训合格证书。

（3）三级民航乘务员（具备以下条件之一者）：

1）取得本职业四级职业资格证书后，连续从事本职业工作 3 年以上，经本职业三级正规培训达规定标准学时数，并取得结业证书；

2）取得本职业四级职业资格证书后，连续从事本职业工作 5 年以上；

3）连续从事本职业工作 10 年以上；

4）大专（含）以上本专业毕业生，连续从事本职业工作 5 年以上，经本职业三级正规培训达规定标准学时数，并取得培训合格证书。

（4）二级民航乘务员（具备以下条件之一者）：

1）取得本职业三级职业资格证书后，在重型宽体客机上担任带班乘务长 5 年以上，经本职业二级民航乘务员正规培训达规定标准学时数，并取得结业证书；

2）取得本职业三级职业资格证书后，连续从事本职业工作 9 年以上；

3）取得本职业三级职业资格证书后，连续从事本职业工作 7 年以上，经本职业二级正规培训达规定标准学时数，并取得结业证书。

（三）鉴定方式

分为理论知识考试和技能操作考核。理论知识考试采用闭卷笔试方式，技能操作考核采用模拟现场操作和口试等方式。理论知识考试和技能操作考核均实行百分制，成绩皆达到 60 分及以上者为合格。

各级民航乘务员技能操作考核分为 3～4 个鉴定模块，每个模块的考核成绩均达到本模块分值的 60%（含）以上为合格。

（四）考评人员与考生配比

理论知识考试考评人员与考生配比为 1∶15，每个标准教室不少于 2 名考评人员；技能操作考核考评员与考生配比为 1∶3，且不少于 5 名考评员；综合评审委员不少于 5 人。

（五）鉴定时间

理论知识考试时间为 90 分钟；技能操作考核时间不少于 40 分钟；综合评审时间不少于 30 分钟。

（六）鉴定场所设备

理论知识考试在标准教室进行；技能操作考核在乘务模拟舱中进行。

二、基本要求

（一）职业道德

（1）职业道德基本知识。（2）职业守则：遵纪守法，诚实守信；爱岗敬业，忠于职守；保证安全，优质服务；钻研业务，提高技能；团结友爱，协作配合。

（二）基础知识

（1）民用航空及主要航空公司概况：中国民用航空概况；中国主要航空公司概况；国际民航组织概况；国际航空运输概况。（2）地理知识：中国地理一般知识；中国各省、自治区、直辖市、特别行政区简介；世界地理一般知识；世界部分国家、城市简介。（3）航行一般知识：航线知识；航空机械；航空气象；航空卫生。（4）宗教礼俗：基督教、佛教、伊斯兰教、犹太教。（5）各地礼俗：中国少数民族的风俗习惯；部分国家的风俗习惯；部分国家和地区的饮食习惯；部分国家的国花、国鸟和国树；重要节日。（6）礼仪知识：仪容、仪表、仪态、礼貌、礼节。（7）航空旅客心理常识：航空旅客心理研究的意义；马斯洛需求层次理论；心理服务的要素；乘务员心理品质的培养。（8）机组资源管理：人为因素概述；机组资源管理概述；差错管理及预防对策。（9）航空运输常识：旅客交运行李及手提物品规定；航班不正常情况的一般规定；客票使用的一般规定；定座的一般规定；退票的一般规定。（10）相关法律法规：《中华人民共和国民用航空法》相关知识；《中华人民共和国安全合同法》相关知识；《中华人民共和国治安管理处罚法》相关知识。

边学边练

结合自己的经验和网络的资源，将经常遇到的与旅客之间的问题及解决对策进行总结归纳。

温馨提示：每个旅客都是喜欢态度好的乘务员，没有旅客喜欢态度差的乘务员。用“您”而不用“你”，我们对旅客交流时都用“您”，这是对旅客最基本的尊重。

操作1：解释飞机延误。

模拟情况A：先生您好，飞机延误也不是我们想要的结果，请您理解。

模拟情况B：先生您好，如果是由于飞机航班延误时间，影响了您的工作，我们表示抱歉，对此带来您的不满我们表示非常理解。但是，由于某些方面的原因，我们也无能为力，请您支持我们的工作，非常感谢您！

当遇到航班延误的情况时，旅客心情比较焦躁，要平心静气地向他解释清楚原因，他理应也会理解我们的工作。

操作2：解决有旅客脱鞋的问题。

模拟情况：先生不好意思！为了保证我们的旅程安全舒适，请您不要脱下鞋子，谢谢您的配合。

操作3：与旅客有争执。

模拟情况：女士，您听我解释一下好吗，没能让您明白我的意思我感到很抱歉，我可能是想尽快解决这个问题有些着急了，您宰相肚里能撑船，为了不影响您旅途的心情，这件事情您也不要跟我计较了，您看可以吗？

当遇到不讲理的旅客，乘务员的态度更是要和蔼，对客人不礼貌的言语要耐心倾听，为了其他旅客和旅途顺利，不要与客人进行争论。

操作 4：帮助身体不舒服的旅客。

模拟情况：马上端来热水，询问哪里不舒服，为这位旅客提供药物等以缓解症状，要态度亲切，安慰这位旅客不要害怕，我们会一直陪伴着他。

在飞机上跟在地面是不同的，此时身体不舒适的旅客会很无助，乘务员要耐心并且细心地给予帮助。

操作 5：有小孩打扰到旅客。

模拟情况：先向被打扰的旅客道歉："抱歉女士，打扰到您了，请您谅解!"然后再去与小朋友进行沟通，使他安静下来，如果是婴儿的哭声应当和家长沟通。乘务员应当针对不同旅客，用适合的沟通方式解决旅客之间的矛盾。

操作 6：有旅客提出跟你一起结伴旅行。

模拟情况：先生真是不好意思，我们乘务员的工作时间本来就很紧迫，休息的时间也少之又少，这样吧，我留下您的联系方式，之后有时间我再与您联系。一个乘务员代表的往往是一个企业的形象，不管发生什么应该先考虑到公司的利益。

操作 7：毛毯无法满足旅客需要时。

模拟情况："先生，请您稍等我去帮您找一下"，如果去前舱找没找到就为旅客端来一杯热水并告诉旅客"您先喝杯热水"，再去后舱找，还没找到的情况下可以帮这位旅客关闭通风孔，告知他："先生，我已经帮您把通风口关闭了，如果您还是觉得冷，我可以帮您把您的衣服从行李架上取下来或者再给您加点温开水。"

在这种服务用品供不应求的情况下，乘务员应该让旅客感受到诚恳服务的态度。

操作 8：与同事发生争执。

模拟情况：把同事拉到服务台："您看能不能这样，您对我做得不好的地方我们可以航班结束后再说。客舱不是讲理的地方，在旅客面前影响不太好，而且也影响到我们公司的形象，让别人觉得我们服务不够好。"

合作实训

两名学生一组，角色扮演，分别模拟乘务员和旅客遇到如下问题时该如何应对和回复。

1. 若是两位旅客发生争执，你将如何解决?

你的回复 A：______

______

你的回复 B：______

______

2. 有旅客要求换座位，你将如何解决?

你的回复 A：______

______

你的回复 B：____________________

____

3. 旅客要投诉，如何解决？

你的回复 A：____________________

____

你的回复 B：____________________

____

4. 有旅客对你示爱你将如何回复？

你的回复 A：____________________

____

你的回复 B：____________________

____

项目总结

本项目中共有两个任务：一是了解客舱服务，二是了解乘务员，通过对这两个任务的学习，可以掌握客舱服务的特点，了解客舱服务的流程，掌握不同岗位客舱乘务员的职责，了解我国民航客舱乘务员的职业标准，通过案例更深入地认识空中乘务员这个职业。

项目检测

一、单选题

1. 下列选项中，不属于客舱服务特点的是（　　）。

A. 客舱安全重大　　B. 工作环境特殊

C. 服务内容单一　　D. 对乘务员要求高

2. （　　）是指乘务员登机后到旅客登机前的阶段，直接关系到空中乘务工作的有效性。

A. 预先准备阶段　　B. 直接准备阶段

C. 空中实施阶段　　D. 航后讲评阶段

3. （　　）是乘务组的负责人，负责组织领导客舱服务工作。

A. 驾驶员　　B. 乘务长

C. 广播员　　D. 厨房乘务员

4. 为旅客提供餐饮服务是在客舱服务的（　　）。

A. 预先准备阶段　　B. 直接准备阶段

C. 飞行实施阶段　　D. 航后讲评阶段

5. 我国民航乘务员职业共设（ ）个等级。

A. 三　　B. 四

C. 五　　D. 六

二、判断题

1. 空中飞行实施阶段是从乘务员登机开始至乘务组讲评后。(　　)
2. 客舱服务的工作内容包括乘务员进行安全演示。(　　)
3. 出现紧急情况时，乘务长可以直接进行紧急处置。(　　)

三、简答题

1. 客舱服务的定义是什么？

2. 根据岗位分工，客舱乘务员需要检查哪些服务设施？

3. 厨房乘务员的主要职责有哪些？

项目二

乘务员预先准备阶段

情境引入

2008 年雪灾时正逢春运，暴雪造成民航交通基本瘫痪，飞机被困在机场无法起飞，大批的旅客被滞留机场，只有一架飞机得到塔台批准从广州飞往郑州。为了防止旅客出现骚乱，乘务员关灯引导旅客悄悄从后门登机，但当关门将要滑行的时候还是被其他旅客冲破安检堵在了廊桥上，再这么僵持下去如果天气转坏就连这架飞机都飞不走了，哭声、哀求声、咆哮声在客舱里响成一片。这时，这个航班的乘务长在纸条上写了一句话，“让他们回家吧，妈妈在等他们”，将纸条面对着窗外，让窗外被滞留的旅客能看到。乘务员和旅客也打开遮光板对着窗外的旅客祈祷，外面的旅客退出廊桥，飞机顺利滑出。到底什么才是一个乘务员应该具备的气质？难道只是身材和外表吗？在飞行中乘务员不仅要为旅客提供基本服务，其主要的责任和使命是保护乘客的生命财产安全。乘务员需要拥有独立服务、团结协作、有效沟通、危机处理、持续学习、自我调整、沉稳面对问题的能力和素质，更重要的是能真正地设身处地站在旅客的角度着想，这才是一个乘务员最迷人的气质。

项目目标

知识目标：

- 了解航前乘务员个人准备的内容；
- 了解乘务员执行航班应携带的物品；
- 了解航前准备会的内容。

技能目标：

- 能按照程序熟练完成个人准备；
- 熟练掌握航线知识、机型知识等；
- 熟练掌握特殊服务技巧、应急处置程序等；

- 熟练掌握乘务员个人物品的准备；
- 能按照流程进行乘务组准备会。

素养目标：

- 培养积极进取、细致周到的职业素养；
- 培养创新意识、责任意识和服务意识；
- 培养应变能力、挫折承受力、自我调节能力。

任务一　乘务员个人飞行准备

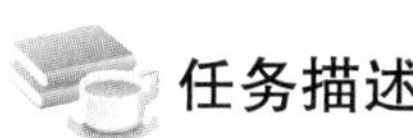

任务描述

乘务员个人飞行准备是客舱乘务员执行航班的首要任务。乘务员需要按照各航空公司要求进行航班任务准备、个人证件资料准备和个人职业形象准备。

活动一　乘务员航班任务准备

一、了解飞行专业术语

（一）飞行任务书

任务书是每个飞行人员执行航班任务的依据，机组人员在飞行签到时必须在飞行指挥中心领取任务书，飞行机组进入飞行控制区域通过安全检查时也必须出示此凭证。任务书上的英文缩写代表着乘务员在执行航班任务时任务书中展示的各种岗位，比如 HA 就是窄体机乘务长，FAT 是头等舱乘务员，即 First Class Attendant，AT 是普通舱乘务员，而新乘学员就是 CS/T，在任务书中显示的 ATT 就是学员的乘务教员。航班各舱位的代码，在舱单、旅客的机票和登机牌上有标识，如 F 就是头等舱的缩写，Y 舱就是经济舱的缩写。中国南方航空股份有限公司的飞行任务书如图 2－1 所示。

（二）随机业务文件

随机业务文件是每段航班执行任务时必须具备的各种文件，包括舱单、货单、邮件单，国际航线还有总申报单、旅客名单等。这些文件都是由地面工作人员在航班起飞前送上飞机，由当班乘务长签收保管。随机业务文件如图 2－2 所示。

（三）分离器

分离器操作就是将飞机客舱门紧急滑梯的手柄移动到预位或解除预位位置的过程，操作分离器必须听从乘务长的口令统一进行操作。分离器如图 2－3 所示。

中国南方航空股份有限公司飞行任务书

航班号、性质：3101/3102/
航线：CAN/PEK/CAN　　机型、机号：757 B2822
起飞日期及时间：2007-7-9 8:00　　序列号：CAN200707097531
飞行机组预计飞行时间限制：　　预计值勤时间限制：
飞行机组实际飞行时间：　　实际值勤时间：
机长：苏进和(T)　　第二机长：
第一副驾驶：韩乔(DI)　　第二副驾驶：
飞行机械员：李庆平(E)　　飞行通讯员：
监察员、检查员：　　学员、机上工作人员 刘佳(t)
以上飞行人员身体健康情况：合格　　航医签字：
主任乘务长：　　乘务长：许红梅(C)　　安全员：曾翔鑫(A) 付哲
头等舱乘务员：　　公务舱乘务员：丁维
乘务员：徐洋 孙毅平 李静珍
随机工作人员：
领导签字：　　日期：2007-7-8

起降机场	燃油（KG）			运输量(KG)						起飞全重
	原存	新加	共计	乘客人数	货物(F)	邮件(M)	行李(B)	转港(T)	商务总重量	
——										
——										
——										
——										
——										
——										
备注：										

起降机场	滑出时刻	起飞时刻	降落时刻	到位时刻	空中时间		左座姓名	右座姓名	操纵起降者	飞行经历时间	经历夜航时间
					总计	夜航					
——											
——											
——											
——											
——											
——											
——											
备注：								机长签字：			

代码注释：T-飞行教员　D-飞行带飞对象　I-资深副驾驶　E-机械检查员与机务签字放行机械员　t-带飞检查乘务学员　C-乘务检查员　A-乘务员

图 2-1　中国南方航空股份有限公司的飞行任务书

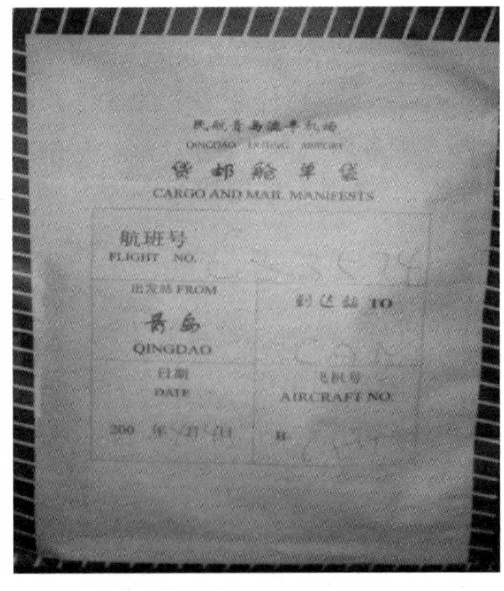

图 2-2　随机业务文件

图 2-3 分离器

二、航班任务准备的内容

航空公司通常在一个月或者一周之前通过公司网站发布具体的航班计划，乘务员接到航班任务后，首先要了解机型、航班号、航班日期、航线、起降时间、签到时间、航班性质、乘务组成员信息等。乘务员除了掌握航班计划任务外，还要了解最新的业务通告、标准和近期飞行注意事项，同时还要复习航线知识、安全规章和各项要求，并在规定的时间内完成网上航班准备内容（安全和服务基础知识答题）。乘务长还需要了解乘务组成员的个人信息。此外，为了防止意外情况发生，航空公司每天都会安排备份人员，备份人员必须于每天在航空公司的规定时间前主动确认次日的飞行任务。

其次，乘务员应针对本次航班，了解机场名称、方位、离城距离，飞行时间、距离、高度，以及沿途的地标、名胜古迹；熟悉所飞机型的紧急设备、服务设备以及应急处置程序；熟悉重要旅客、特殊乘客的服务；熟悉各号位的岗位职责；如执行国际/地区航班任务，应了解所到国家及地区海关、边防、卫生检疫的相关规定。客舱乘务员应准备好执行航班任务所需物品，并合理安排休息，以饱满的精神状态执行航班任务。

边学边练

乘务员在执行航班任务时，可以通过两种方式查询飞行任务。请大家试一试。

操作 1：网上查班

乘务员登录航空公司官方网站进行网上准备并进行业务知识的考核，考核通过后才能通过网上准备，执行第二天的航班任务。

操作2：电话查班

在航班运营正常的情况下，航空公司乘务人员应在执行航班前一天晚上19:00后（航班任务确认时间以各航空公司的运行协调时间为准）确认自己的次日航班任务。

活动二　乘务员个人证件资料准备

一、个人证件

乘务员执行航班飞行任务时，应在签到前根据公司规定检查飞行包，确保应携带的个人证件、资料和物品齐全。

（一）乘务员证件

乘务员在执行航班任务时必须携带乘务员证件。如健康证、训练合格证、登机证、安全员执照、广播员上岗证、身份证、护照（国际航线）、港澳通行证（地区航班）、本人签名的乘务员执照等证件，并且确认证件在有效期限内，登机证佩戴在胸前，以便有关人员检查，上机后摘下并保存好。乘务员健康证如图2-4所示；乘务员执照如图2-5所示；登机证如图2-6所示；通行证和护照如图2-7所示。

说　明 Remarks

1.本证根据中国民用航空局规章《民用航空人员体检合格证管理规则》(CCAR-67FS)颁发。

1. This certificate is issued under the Civil Aviation Medical Certificate Management Rules (CCAR-67FS).

2.体检合格证发证日期和有效期在本证标注。

2. The period of validity and date of issue are labeled on this certificate.

3.履行相应职责时应当携带本证。

3. This certificate shall be carried on during performing corresponding duties.

民用航空人员体检合格证

Civil Airman Medical Certificate

中国民用航空局

Civil Aviation Administration of China

FS-CH-67-001 (05/2012)

图2-4　乘务员健康证

图 2-5 乘务员执照

图 2-6 登机证

图 2-7 通行证和护照

（二）必带资料

乘务员在执行航班任务时需要携带《客舱乘务员手册》《客舱广播词》及根据客舱文件要求携带的阶段性业务资料。飞行所带的资料和物品如图 2-8 所示。

二、个人物品

乘务员执行航班任务时应检查围裙熨烫平整、干净、整齐；带齐号码牌、笔、手

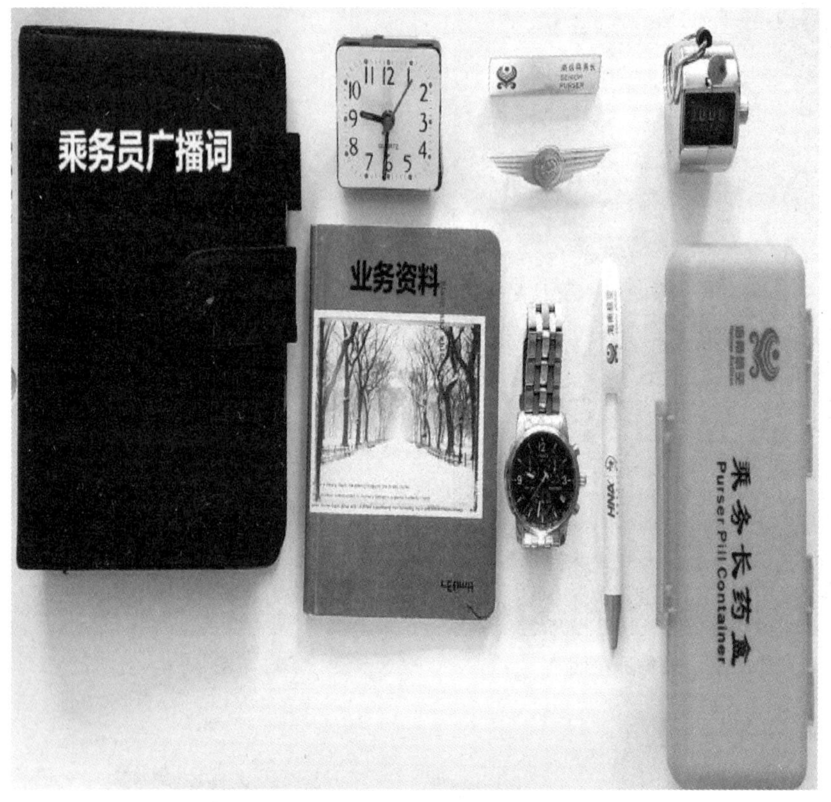

图 2-8　飞行所带的资料和物品

电筒、便签、针线包等；如果是过夜航班，还需准备过夜用品、换洗衣物。根据航线携带，箱/包外不得有装饰物、钥匙链、贴画等；保持箱/包外观的清洁。除此之外，健康证上要求佩戴隐形眼镜的乘务员应准备备用眼镜；女乘务员还需准备备用的丝袜（根据公司《乘务员形象手册》的要求）。个人所带的资料和物品如图 2-9 所示。

图 2-9　个人所带的资料和物品

边学边练

乘务员执行航班飞行任务时，应确保个人携带的证件、资料和物品齐全。请大家在 3 分钟内完成证件、物品的检查。

操作 1：证件检查与确认

乘务员执行航班任务时，必须确认携带登机证、健康证、乘务员执照，安全员还需确认安全员执照；国内过夜航班需要确认身份证；国际及港澳台地区航线确认护照、通行证，确认所有证件都在有效期限内。

操作 2：物品检查与确认

按照航班飞行物品清单核对《客舱乘务员手册》、《客舱广播词》、客舱部文件、要求携带的阶段性业务资料、号码牌、笔、手电筒、便签、针线包等。

活动三 乘务员个人职业形象准备

一、仪表与着装

乘务员的仪表着装、言行举止不仅关系着航空公司的企业形象，而且代表着国家、民族的对外形象，是一个航空企业赢得市场的有力资源，应体现时代对企业的要求。

（一）女乘务员的仪表要求和着装规定

仪表包括人的容貌、姿态、服饰和个人卫生等方面，它是乘务员精神面貌的外在表现。一名合格的乘务员，需要在长期的飞行中提高自身素质和修养，将外在美和内在美相结合，形成自身独特的气质。女乘务员在执行航班任务时，妆容应以淡雅、清新、自然为宜。在面部修饰时要注意卫生问题，认真保持面部的健康状况，防止由于个人不讲究卫生而使得面部疙疙瘩瘩或长满痤疮。注意面部局部的修饰，保持眉毛、眼角、耳部、鼻部的清洁，不当众擤鼻涕、挖耳朵。注意口腔卫生，坚持刷牙，在上飞机的前一天不吃带异味的食物。注意手部的美化，手和指甲应保持清洁，勤洗手，经常擦润手霜，以保持手部柔软。常剪指甲，不要将指甲留得过长，给旅客一种不卫生的感觉。飞行时一定要按规定着装。应保持工作服干净整洁，每次上飞机前，应将工作服熨烫平整，不允许出现有褶皱、残破、污渍、脏物、异味等不雅状况。

女乘务员身着制服时，注意保持发型整洁美观、大方自然、统一规范、修饰得体。发型以乘务业务规定的标准发型为主，不留怪异发型。必须用啫喱、发胶等定型产品固定，做到不掉落、不松散。发色均匀，自然黑或深棕色；白发过多者，建议按照规定颜色进行染发。女乘务员盘发标准如图 2 - 10 所示。

短发发型刘海不过眉，长度不遮领，无松散碎发；BOBO 头刘海不过眉，头发长度不过下巴；不允许留超短发和怪异发型。发夹为黑色、藏青色或深棕色细钢丝，外露发夹不得超过 4 个。发辫用一个黑色无形网和五个 U 形夹固定在脑后，无碎发。女乘务员短发发型标准如图 2 - 11 所示。

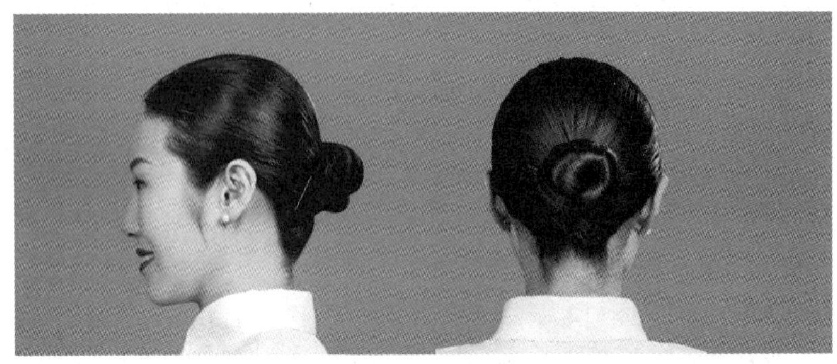

图 2-10　女乘务员盘发标准

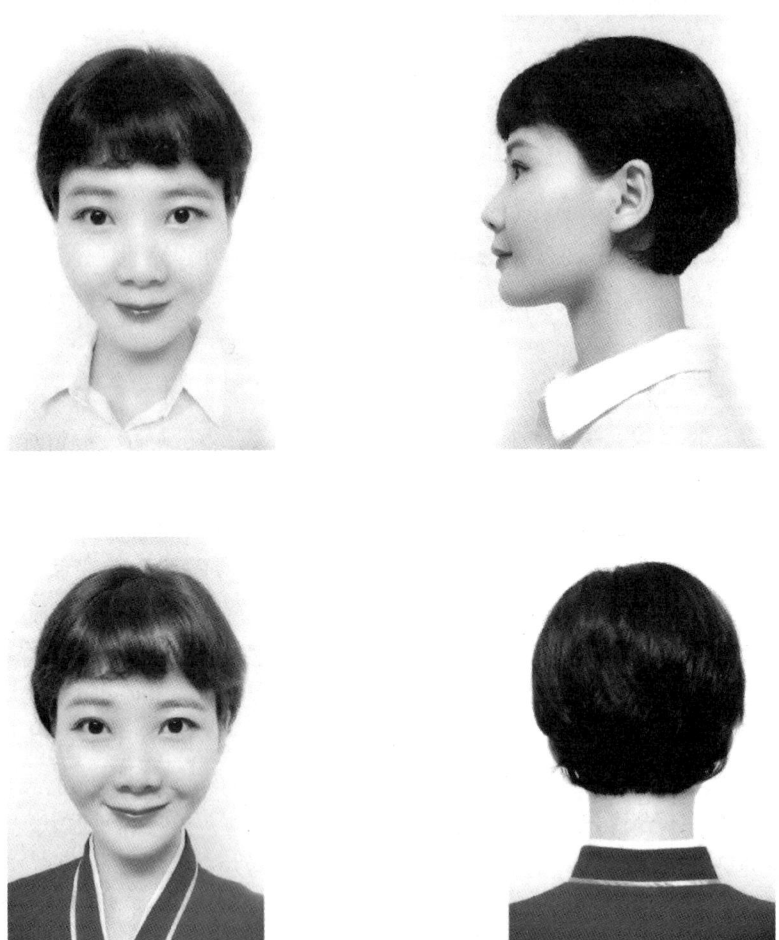

图 2-11　女乘务员短发发型标准

女乘务员着纯黑色皮鞋或航空公司统一发放的皮鞋。皮鞋款式为浅口船鞋，保持皮鞋清洁、光亮、完好。着制服时须扣好纽扣，女乘务员着大衣、风衣时系好腰带，佩戴围巾、手套。女乘务员工作皮鞋如图 2-12 所示。

图 2-12 女乘务员工作皮鞋

值勤时，同一航班乘务组乘务员可根据航线季节、天气变化及个人身体素质着装，空中女乘务员一律着裙装；迎送客时，乘务员可着马甲，寒冷地区可着大衣。女乘务员着制服外套、风衣、羊绒大衣时要戴帽子。

（二）男乘务员的仪表要求和着装规定

男乘务员发型以平头、分头、背头为主，随时保持整洁。双侧鬓角不得盖住双耳，前侧头发保持在眉毛上方，头发不得长于衬衣衣领上线。不留胡须，保持手和指甲的整洁。

航空公司形象手册中规定男乘务员发型自然，整洁清爽。短发长度适中，无长刘海；两边对称，鬓角不可以过长，前不遮耳，后不遮领。发色均匀，自然黑或深棕色。使用发蜡、发胶等固定。男乘务员发型标准如图 2-13 所示。

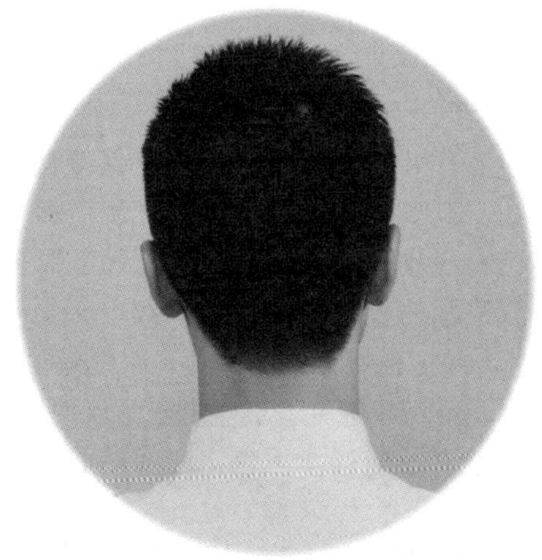

图 2-13 男乘务员发型标准

男乘务员着纯黑色皮鞋。皮鞋款式为系带鞋，皮鞋上避免有铜扣等亮色装饰物

(如图 2－14 所示);保持皮鞋清洁、光亮、完好。男乘务员执勤时着统一规定的纯黑色或深藏青色袜子,袜子的长度以坐下时不露出皮肤为宜(如图 2－15 所示);西裤的长度以盖住皮鞋的鞋口为宜(如图 2－16 所示),裤线必须熨烫平整;皮带上避免悬挂任何饰物,如手机链、钥匙链等。

图 2－14　男乘务员皮鞋标准

图 2－15　男乘务员袜子标准

图 2－16　男乘务员着装标准

二、女乘务员职业妆容

女乘务员值勤时必须化工作妆,并及时补妆,以保持良好的精神面貌。不使用不健康颜色及亮彩色等的口红,不佩戴过大的饰物、时装手表,不在旅客面前补妆、修饰。底妆干净、清透,使用粉底霜、定妆粉,颜色与颈部肤色相近。口红的颜色与腮红的颜色保持同一色系,唇线笔的颜色与口红相一致,必须使用唇膏,并着唇彩以增加色彩效果。眉笔使用黑色、深棕色系列;睫毛膏、眼线笔使用黑色、深蓝色或深棕色系列;假睫毛的长度不超过 10mm,避免过于夸张;建议使用清淡型香水。

因视力需要佩戴隐形眼镜者,应选择无色、透明的隐形眼镜。禁止佩戴美瞳隐形眼镜,包括黑色美瞳。

双手保持清洁无污垢,指甲的长度从手心看不超过 2 毫米,指甲油呈肉色、浅粉红色,不可斑驳脱落。女乘务员的职业妆容如图 2－17 至图 2－22 所示。

图 2-17 底妆

图 2-18 腮红

图 2-19 眼影

图 2-20 眼线

图 2-21 睫毛

图 2-22 口红

边学边练

乘务员李丽于2018年3月17日通过公司网站了解到自己所要执行的航班信息，见表2-1。

表2-1 航班信息

日期	航班号	机型	人员
20180317	CZ3524	空客A320	孙星（HA）、李丽（AT）、陈芳（AT）、张丽（AT）、李倩（AT）

操作1：通过航空公司网站了解航班信息，确定航班任务。

操作2：熟悉上海虹桥至广州白云的航线，包括名胜古迹，经过的山脉、河流、湖泊等相关知识。

操作3：预习模拟机型的应急设备及服务流程，明确岗位职责；熟悉特殊乘客服务技巧、应急处置程序等。

操作4：进行个人物品准备（制服整齐干净、佩戴胸牌），携带物品齐全。

任务二 乘务组（集体）飞行准备

任务描述

乘务员除完成个人飞行准备外，需要按照航空公司要求进行乘务组（集体）飞行准备。

一、乘务员签到

乘务组人员应在规定的时间到客舱部签到，签到时应携带齐全必备的证件、资料和个人物品，着装、仪容仪表应符合公司要求，然后参加行前准备会。乘务员签到如图2-23所示。

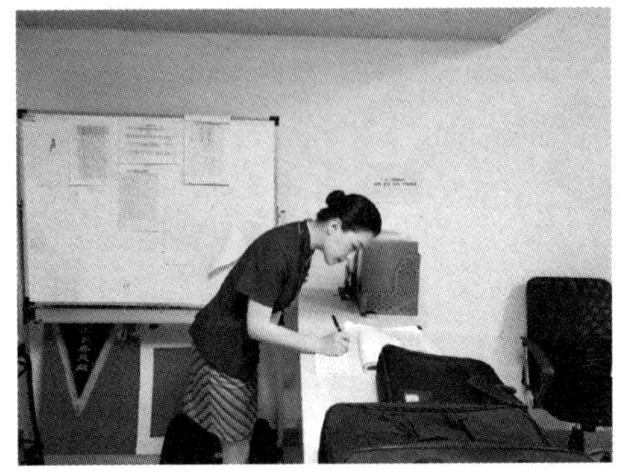

图2-23 乘务员签到

二、航前准备会

带班乘务长应提前到达公司了解公司的最新通知，领取《航班任务书》，了解机组、乘务组以及乘客的人员情况；领取乘务组资料箱，检查、核对包内资料和物品是否齐全；如执行国际航班任务需领取乘务组护照等。然后主持召开航前准备会，时间通常为20～30分钟。乘务组资料箱如图2－24所示，乘务组应急医疗箱如图2－25所示。

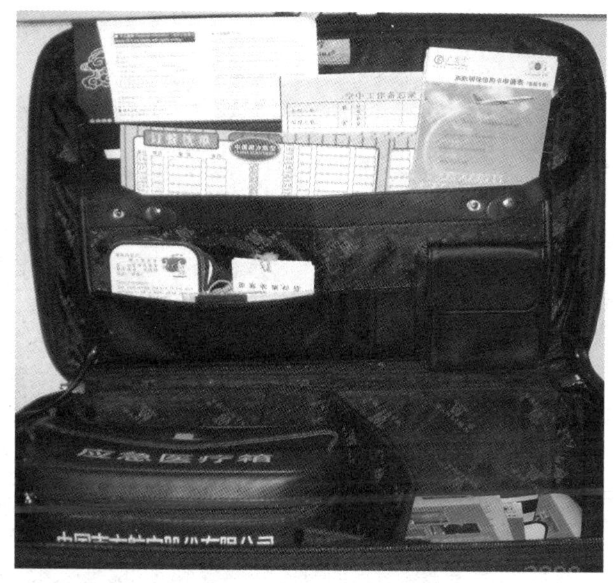

图2－24　乘务组资料箱

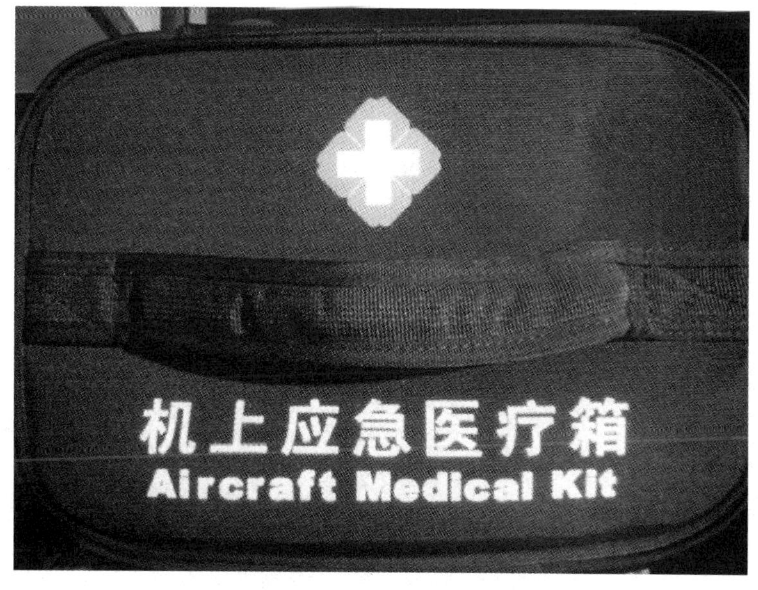

图2－25　乘务组应急医疗箱

准备会上先由乘务长向组员做自我介绍，然后组员之间相互认识，乘务长向组员介绍航班任务相关信息，对所飞航班提出具体要求；然后检查乘务组成员应携带的证件、资料、物品，以及其仪表、着装，指出乘务员的制服、外表形象的不足之处，并为乘务组成员按标准做好专业形象示范；对乘务组成员进行岗位分工，要注意综合考虑乘务组成员情况，做到合理分工；检查乘务员的个人准备情况，提问组员航班的飞行时间、途径地标，机上设备的使用，紧急情况的处置，特殊乘客的服务要求等，如执行国际航班任务还需准备当地国家的海关规定等。乘务组航前准备会如图 2 - 26 所示；乘务组飞行包摆放如图 2 - 27 所示。

图 2 - 26　乘务组航前准备会

图 2 - 27　乘务组飞行包摆放

三、乘务组出行

乘务组航前准备会结束后，需到规定地点与飞行机组会合进行机组协作会。乘车前往候机楼，应在航班计划起飞前 1 小时到达并登机，为下一阶段的工作做好准备。

边学边练

根据表 2-1 所提供的航班信息，每 5 位学生为一组，其中 1 人扮演乘务长，其余 4 人扮演乘务员。组织召开乘务组航前准备会。

操作 1：乘务长确认组员到齐，检查乘务员化妆、着装是否符合航空公司手册的要求，进行乘务组准备会。

操作 2：乘务长组织检查乘务员证件是否有效，资料、物品是否齐全，飞行箱是否按规定位置摆放整齐。

操作 3：乘务长做自我介绍，组员之间互相致意问候并自我介绍。

操作 4：乘务长根据航线特点及各号位岗位职责进行合理分工。

操作 5：乘务长通告航班号、航班时刻、地标、机场名称、机型、飞机号、机组成员等内容。

操作 6：乘务长介绍机供品、餐食配备情况，针对航线特点制订服务计划。

操作 7：乘务长指定专人负责 VIP、高端旅客和特殊旅客的服务工作，制定服务预案。

操作 8：乘务长组织学习当月工作重点，了解相关文件及近期规定。

操作 9：乘务长制定紧急情况处置方案及空防预案。明确各舱门的操作人和检查人。

操作 10：乘务长提问检查组员对业务知识的掌握情况。

合作实训

4～5 位学生一组，扮演乘务组成员，演示遇到如下问题时该如何应对和回复，其他学生观摩学习。

1. 乘务长主持乘务组协作会前，要确定哪些证件资料齐全？

你的回复 A：________________________________

____

你的回复 B：________________________________

____

2. 乘务长主持准备会前检查乘务组组员职业形象包括哪些方面？

你的回复 A：________________________________

____

你的回复 B：________________________________

____

3. 乘务长主持准备会上会对乘务组组员进行哪些内容的提问？

你的回复A：________________

____

你的回复B：________________

____

你的回复C：________________

____

你的回复D：________________

项目总结

本项目通过乘务员在执行航班前个人准备体验和案例展示，介绍了乘务员个人准备的内容和乘务组准备会的流程。

通过对本项目的学习，学生了解了航前准备的流程，在执行航班任务前能够按照要求进行航前准备，按时签到，参加航前准备会。

项目检测

一、单选题

1. 从（　　）开始，就已进入了预先准备阶段。

A. 航班起飞前3小时　　B. 提前1:45分准备

C. 接受航班任务　　D. 提前1:10分准备

2. 预先准备阶段是（　　）的流程。

A. 从接到飞行任务开始，到乘务组登机前结束

B. 从乘务组准备会开始，到乘务组登机前结束

C. 从乘务员签到开始，到乘务组准备会结束

D. 从乘务组坐车开始，到乘务组准备会结束

3. 下列物品中，不属于乘务员执行航班任务应携带证件的有（　　）。

A. 乘务员手册　　B. 登机证

C. 乘务员执照　　D. 健康证

4. 下列选项中，不属于航前准备会的内容的是（　　）。

A. 乘务长向乘务组成员介绍航班信息，提出执行航班任务要求

B. 乘务长检查乘务员的仪容仪表，指出其不足之处

C. 乘务长对乘务员进行岗位分工

D. 乘务长领取《飞行任务书》，了解乘务组的人员情况

5. 在每一次飞行前，（　　）必须组织乘务员准备会并必须将有关信息传达给所有的乘务员。

A. 乘务员　　B. 中队领导

C. 带班乘务长　　D. 航班检查员

二、多选题

1. 乘务员的头发应保持（　　）。

A. 黑色

B. 浅棕色或自然黑

C. 棕黑色或自然黑，发色均匀

D. 深棕色，发色均匀

2. 关于手表的佩戴，下列说法正确的是（　　）。

A. 可以佩戴电子表

B. 可以是金属表带或黑色、深褐色皮表带

C. 手表需有时针、分针、秒针和时间刻度

D. 手表只需有时间刻度

3. 下列证件中，属于乘务员执行国内过夜航班任务应携带的证件有（　　）。

A. 身份证　　B. 登机证

C. 乘务员执照　　D. 健康证

4. 关于眼妆的要求，描述正确的是（　　）。

A. 眼线使用黑色　　B. 睫毛膏使用黑色、深棕色系列

C. 假睫毛的长度不超过 60 毫米　　D. 禁止佩戴彩色美瞳隐形眼镜

5. 关于男乘务员西装穿着的描述错误的是（　　）。

A. 免烫材质，无须熨烫

B. 姓名牌佩戴在外套、衬衫左胸口袋中间

C. 单排三粒扣男乘务员西装应扣中间一粒或上面两粒

D. 衬衣口袋里可摆放钱包、登机牌、笔记本和笔

三、判断题

1. 预先准备阶段指进入化妆室便开始。（　　）

2. 了解航班性质是指所飞航班起飞地点、航班号、飞机号以及起飞时间。（　　）

3. 乘务员应随时检查客舱服务设备，如发现有破损应及时报告乘务长或由乘务长填写客舱设备记录本。（　　）

4. 需佩戴眼镜的乘务员在进行航前个人准备时，应准备好备用眼镜。（　　）

5. 航前准备会通常由执行航班任务的乘务长主持召开，时间为 20～30 分钟。（　　）

四、简答题

1. 预先准备阶段的定义是什么？

2. 乘务组航前准备会的流程是什么？

3. 乘务员执行航班任务所需携带的证件有哪些?

4. 乘务员执行航班任务所需携带的资料、物品有哪些?

5. 简述乘务组准备会的内容。

项目三 乘务员直接准备阶段

情境引入

某航班由于能见度较低不能按时起飞，飞机在地面等待三个小时。乘务组为确保飞行安全和客舱服务，除了需要在飞行中做好旅客的客舱安全管理工作外，在航班延误时与旅客的有效沟通、飞行前对客舱的服务设备和应急设备进行全面检查也至关重要。此外，乘务员还要熟练掌握客舱设备的使用方法及操作流程，在遇到突发事件时为旅客提供服务和帮助。

项目目标

知识目标：

- 了解客舱、厨房及洗手间设备；
- 了解经济舱餐食、机供品的种类；
- 了解客舱应急设备的种类和旅客服务组件的用途；
- 了解飞机舱门和客舱座椅的组成；
- 了解飞机舱门和客舱座椅各组成部分的功能；
- 了解乘务员控制面板的组成；
- 了解客舱通信系统的组成。

技能目标：

- 能够熟练掌握客舱紧急设备和服务设备的检查与操作；
- 能够按要求对洗手间及厨房设备进行检查及汇报；
- 能够按要求对飞机餐食、机供品进行清点及汇报；
- 能够按要求对旅客服务组件及娱乐系统进行检查及汇报；
- 能够按要求对客舱应急设备进行检查和正确的操作；
- 能够正确开关飞机舱门，熟练使用乘务员控制面板。

素养目标：

- 培养积极进取、细致周到的职业素养；
- 培养创新意识、责任意识和服务意识；
- 培养应变能力、团队配合能力。

任务一　乘务组物品放置

任务描述

直接准备阶段是乘务组上飞机后到旅客登机前的准备工作。因此航前直接准备阶段对于乘务员来说是非常必要的。通过本任务的学习，学生需要了解乘务员个人物品的放置及客舱清舱检查工作。

活动一　个人物品放置

一、飞行箱存放

乘务组登机后，飞行箱应按照不同的机型布局放在指定的位置。女乘务员飞行挎包需放置在固定储物格内，禁止放置在可移动储物格、餐车内及行李架内。空中保卫人员根据派遣需求，将飞行箱放置在自己座位上方的行李架内，警具包放置标准不变。乘务员飞行箱存放如图 3-1 所示。

图 3-1　乘务员飞行箱存放

二、物品存放

窄体机有两个衣帽间的机型，右侧（机头方向）放个人飞行箱及资料箱；只有一个衣帽间的机型，个人物品存放在厨房储物柜内或经济舱第一排行李架上。

三、飞行箱放置顺序和要求

乘务员飞行箱存放位置根据飞机布局，按以下优先顺序存放：衣帽间—有挡板的餐车位—1/2 餐车后面—行李架。

窄体机前舱乘务组人员的飞行箱可放置在前舱 32、33、34 排（含空中保卫人员）；后舱乘务组人员的飞行箱可放置在后舱 Y 舱最后 3 排（含空中保卫人员）。

活动二　客舱清舱检查

一、客舱清舱内容

乘务组上机后首先对客舱内行李架、旅客座椅和座椅前排杂志存放处、救生衣存放处、地板和任何可能放置外来物品的地方进行清查；其次对服务间内的所有储物柜/格、餐车位/内、应急设备的存放处和任何可能放置外来物品的地方进行清查；最后对洗手间内的储物暗格、擦手纸卡槽、洗手池下方和任何可能放置外来物品的地方进行清查。客舱清舱如图 3－2 所示。

图 3－2　客舱清舱

二、客舱清舱标准

乘务员对于客舱内的清舱是根据各号位乘务员岗位职责进行划分的，前后服务台由乘务长和各区域负责人进行清查，洗手间由乘务长安排专人进行清查。

客舱清舱要确保飞机上无任何外来物品、不明物体和不该放置在该处的物品；严格落实客舱清舱标准，特别关注行李架、座椅（包括座椅后背口袋、放置小桌板区域、座椅扶手内托盘存放区、座椅下方、坐垫）、厨房等位置，确保无外人、外来物遗留。

当发现有任何外来物品时应立即报告机长、乘务长、安全员，初步对物品进行辨认。

对于发现的外来物，应做好记录，主动报告公司值班经理，视情移交相关地面部门处置。如该物品属危险品或爆炸物，所有人员需立即撤离现场，并通知地面相关单位进行处理。

三、厨房、洗手间清舱

（一）厨房清舱

厨房清舱由厨房乘务员负责，主要的工作如下：

（1）检查厨房配电板工作是否正常。

（2）检查烤箱、烧水杯、烧水器等设备工作是否正常。

（3）检查厨房内备份箱及餐车位的固定装置工作是否正常。

（4）检查餐车刹车装置工作是否正常，储物格是否变形，如刹车失灵或储物格变形应让航空食品公司的工作人员进行更换；如有其他原因未及时更换，乘务长须记录在乘务日志上。

（5）检查垃圾箱盖板工作是否正常。

（6）检查下水槽是否畅通。

（7）检查示范演示用品的设备数量及质量，确认所有物品都在备用状态。

（8）检查关闭状态的舱门是否夹带物品。

乘务员上机后需认真查看客舱设备记录本，如烤箱出现故障，不可再使用；在使用曾经有过故障的烤箱时，一定要加大检查力度；需检查烤箱是否清洁，在加温前确保烤箱内无任何纸制品、清洗用品以及干冰，杜绝空烤和错烤的现象发生。为防止起火，严禁在烤箱内存放任何服务用具、报纸、餐盒及各类可燃物体。厨房烤箱清舱如图 3 - 3 所示。

图 3 - 3　厨房烤箱清舱

（二）洗手间清舱

洗手间清舱包括以下工作：

（1）检查洗手间卫生用品是否齐全。

（2）检查马桶抽水系统工作是否正常。

(3) 检查垃圾箱及马桶盖板工作是否正常。

(4) 检查洗手池设备工作是否正常。

(5) 检查烟灰缸盖开关是否正常。

(6) 检查洗手间卫生用品是否齐全（包括擦手纸、卷纸、香水、洗手液、马桶垫纸、女性用品、清洁袋、固体空气清新剂等）。

洗手间清舱如图 3-4 所示。

图 3-4 洗手间清舱

边学边练

每 4～5 人为一个乘务组，指定 1 名学生作为乘务长，其余学生为乘务员，在模拟舱进行清舱的练习。具体操作内容如下：

操作 1：客舱清舱。

操作 2：厨房清舱。

操作 3：洗手间清舱。

任务二 紧急设备检查与使用

任务描述

乘务组上飞机后除对客舱、厨房、洗手间清舱检查外，必须对机上的紧急设备进行检查，做到心中有数，以在紧急情况下能够正确使用。通过本任务的学习，学生需要了解机上灭火设备、供氧设备和紧急逃生设备。

活动一　灭火设备

一、手提式海伦灭火瓶

空客 A320 飞机上配有手提式海伦灭火器。它由触发开关、安全销、手柄、喷嘴、压力表、瓶体构成。海伦灭火器装有加压液化气，适用于电器、燃油和润滑剂的火灾。

（一）海伦灭火器的检查方法

操作 1：确定灭火器在指定位置并且已固定好。

操作 2：灭火瓶安全销穿过手柄和触发器的适当位置。

操作 3：灭火器的黄色压力指针在绿色区域。

操作 4：灭火器日期在有效使用期内。

（二）海伦灭火器的使用

操作 1：使用时，快速拔下安全销。

操作 2：竖直握住瓶体。

操作 3：握住手柄和触发器，喷嘴对准火源底部边缘 2～3 米，平行移动灭火瓶，喷向火的底部边缘。

操作 4：喷射时间约为 12 秒。

海伦灭火瓶如图 3－5 所示，海伦灭火瓶使用如图3－6 所示。

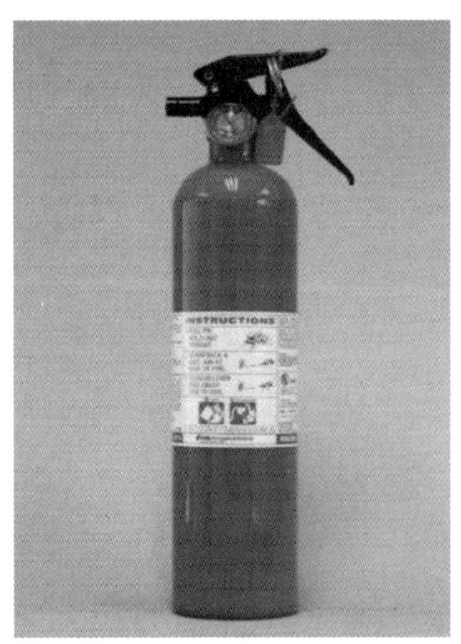

图 3－5　海伦灭火瓶

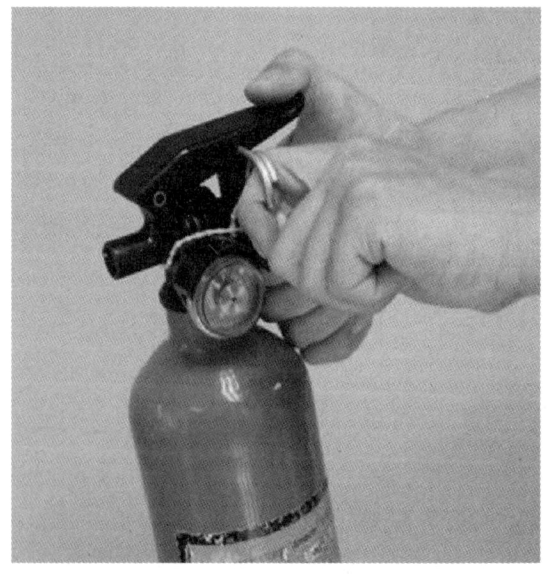

图 3－6　海伦灭火瓶使用

二、洗手间自动灭火装置

洗手间自动灭火装置在盥洗室达到一定温度时，能够自动启动，喷出海伦灭火剂。

（一）自动灭火装置的检查方法

操作 1：压力表指针在绿色区域。

操作 2：检查灭火器旁的温度指示牌，指示牌上的任一灰白点变为黑色即表示灭火器已被使用或失效。

操作 3：检查灭火器的喷嘴，黑色为正常，铅色为已使用或失效。

（二）自动灭火装置的使用

当温度达到约 77 摄氏度时，热熔帽化开，灭火剂自动喷射。

三、洗手间烟雾探测器

洗手间烟雾探测器在烟雾达到一定浓度时，能够及时发出警报以便乘务员及时处理。洗手间烟雾探测器如图 3－7 所示。

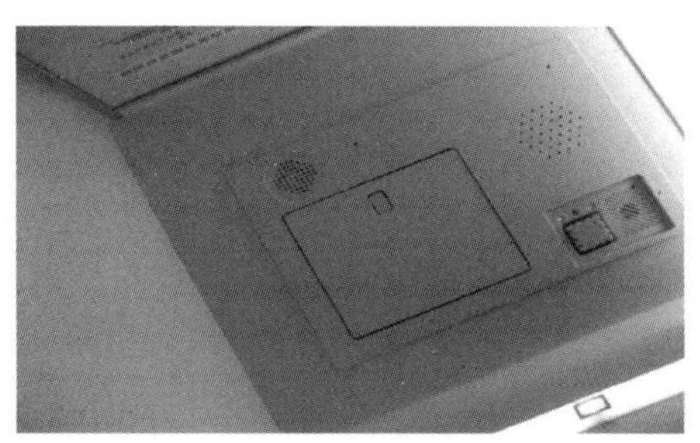

图 3－7 洗手间烟雾探测器

（一）烟雾探测器的检查方法

操作 1：烟雾探测器灯光指示正常。

操作 2：烟雾探测器声音正常。

（二）烟雾探测器的使用

操作 1：清除洗手间内的烟雾，或将烟雾探测器开关放到 OFF 位。

操作 2：检查烟雾产生原因。

操作 3：报告机长，视设备损坏程度锁闭洗手间。

四、防烟面罩

防烟面罩通常在失火和有浓烟的客舱封闭区域使用，确保机组人员的眼睛和呼吸道不受烟雾的伤害。

（一）防烟面罩的检查与使用注意事项

防烟面罩在位，包装完好。当拉动调节带后，若无氧气流出再用力重复一次，否则取下面罩；当头部有热感或面罩瘪下，说明供氧结束，离开火源，取下面罩；取下面罩后，因头发内残留有氧气，不要靠近有明火或火焰的地方，要充分抖散头发；当观察窗上有水气和雾气时迅速取下（防烟面罩）。防烟面罩位置如图 3－8 所示。

图 3-8　防烟面罩位置

（二）防烟面罩的穿戴使用

操作 1：拉塑料盒盖上的把手，去除塑料盖。

操作 2：确定内包装上的红色标签并用力撕掉塑料盖，打开真空包装，取出防烟面罩。

操作 3：双手放入橡胶护颈，用力向两边撑开，观察窗应向地面方向。

操作 4：头向前倾，将防烟面罩的护颈经头顶套入，用双手保护两侧脸颊及眼镜，使之完全遮挡脸部。

操作 5：双手向前、向外用力拉动调节带，并使装置启动。

操作 6：双手抓住带子头，用力向后拉带子，确保里面的面罩罩在口鼻处，且面颊被覆盖。

操作 7：如需调整眼镜，可隔着外罩进行，不要将手伸入罩内调节。

操作 8：确定衣领没有被夹在护颈内，头发已完全在护颈里面，放下防烟面罩的后颈盖布使它盖住衣领，并处于肩上部。

防烟面罩使用步骤如图 3-9 所示。

（三）防烟面罩的取下

操作 1：在远离火焰和烟雾的安全处进行。

操作 2：用双手将靠近观察窗下角的金属片向前推动，松开调节带。

操作 3：双手由颈下插入面部，向上拉起防烟面罩取下。

五、防烟眼镜

防烟眼镜用于机组人员在烟雾充满驾驶舱时保护眼睛不受伤害，从而保证飞行人

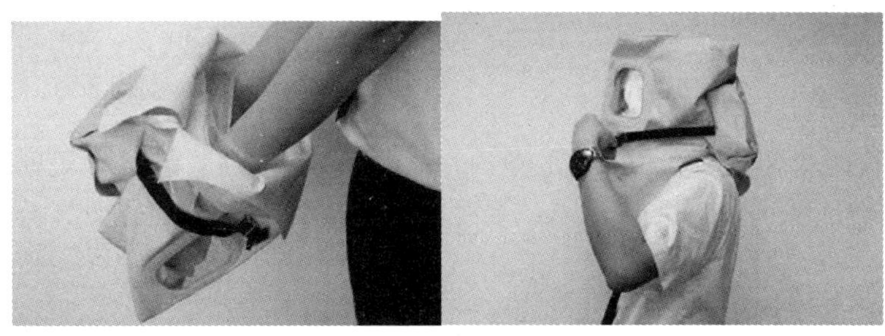

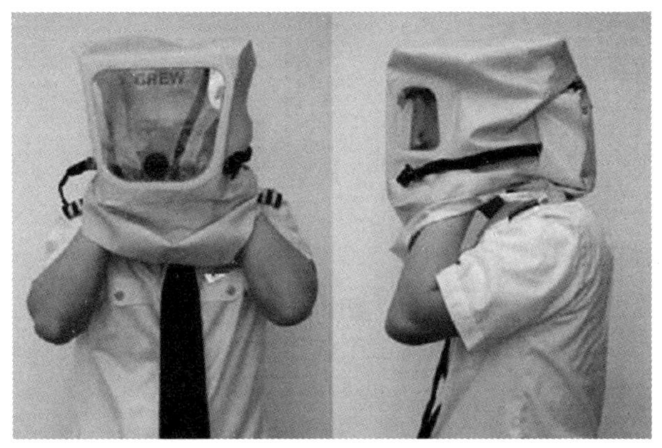

图 3-9　防烟面罩使用步骤

员能够继续飞行。防烟眼镜如图 3-10 所示。

图 3-10　防烟眼镜

防烟眼镜的使用：

操作 1：保证眼镜的密封边紧贴在眼部和面部氧气面罩边缘。

操作 2：用橡胶带固定套在脑后，与氧气面罩一起戴在脸部。

六、救生斧

飞机上只有一个救生斧，位于驾驶舱内。救生斧用于清理障碍物及灭火，具有防火隔热作用。当客舱洗手间、衣帽间等失火需要时，乘务员可使用。救生斧如图 3－11 所示。

图 3－11　驾驶舱内的救生斧

七、石棉手套

石棉手套位于驾驶舱的储藏箱内，具有防火隔热作用。当驾驶舱失火时，机组人员可以使用。石棉手套如图 3－12 所示。

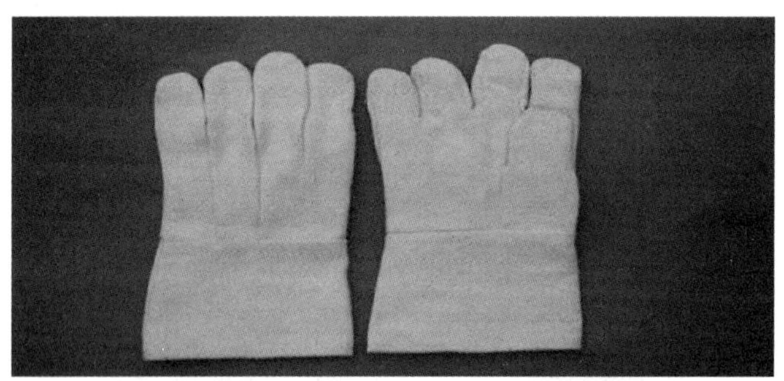

图 3－12　石棉手套

活动二　供氧设备

一、便携式氧气瓶

便携式氧气瓶通常供在飞行中出现突发病的旅客使用，此外，还可以在客舱释压的应急情况下使用。

（一）便携式氧气瓶的检查方法

操作 1：检查氧气瓶是否在指定位置，并已固定好。

操作 2：检查氧气瓶上是否附有匹配的氧气面罩，“开关”阀门是否保持在“关”的位置。

操作 3：检查氧气输出口的防尘帽是否堵塞在位或面罩接插正常。

操作 4：检查压力表是否指示为 1 600PSI。

（二）便携式氧气瓶使用要求

操作 1：使用时手上切勿沾有任何油脂。

操作 2：切勿将氧气瓶中氧气放空，留 500PSI 氧气，以备紧急情况时使用。

操作 3：使用氧气时前后四排（3 米）以内禁止吸烟。

（三）便携式氧气瓶的操作

操作 1：取出氧气瓶，根据需要选择流量口并打开防尘帽。

操作 2：插上氧气面罩，逆时针（左转）旋转阀门。

操作 3：通过检查氧气储存袋底部的绿色流量指示区鼓起来确定充满氧气，戴上氧气面罩。

便携式氧气瓶的使用如图 3－13 所示。

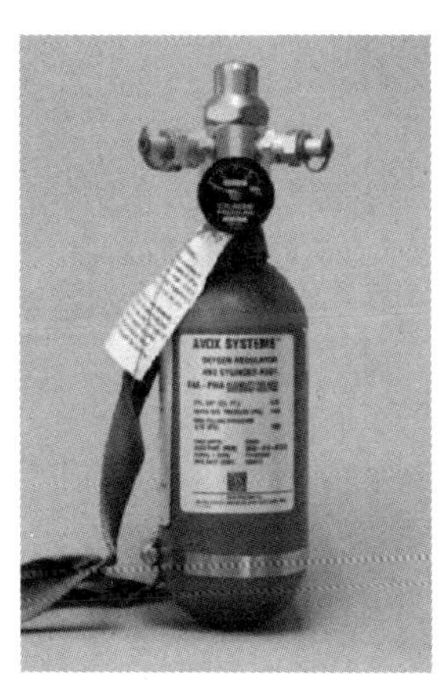

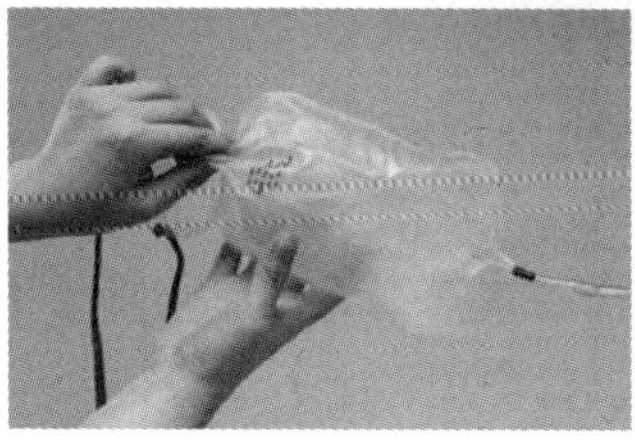

图 3－13 便携式氧气瓶的使用

二、氧气系统

氧气面罩分别储藏在驾驶舱飞行机组控制台座席面前、旅客服务组件内、洗手间及乘务员座椅上方。氧气面罩是紧急情况下供机上人员吸氧的工具，当飞机座舱高度达到 14 000 英尺或 4 200 米时，氧气面罩会自动脱落。如果氧气面罩无法脱落，可由驾驶舱人工操作使其脱落。

在飞行中，供氧系统可以在飞机机身释压的情况下为机上人员提供氧气。一般机型都安装有两套独立的供氧系统：一套供给驾驶舱使用；另一套供给旅客和乘务员使用氧气面罩。

活动三　紧急逃生设备

一、应急定位发射器

应急定位发射器是在飞机遇险后向外界发出求救信号时使用的。应急定位发射器是自浮式双频率电台，电台发射频率为民用 121.5MHZ 和军用 243MHZ 的调频无线电信号。这些频率是国际民航组织通用遇难时发出求救信号的频率。紧急情况发生后，将发射器扔入海水或水里，它便自动开始工作，使用时间为 48 小时。

（一）水上使用方法

（1）取下发射器的套子；

（2）将尼龙绳的末端系在救生船上，然后将发射器投入水中，并使发射器与船保持与尼龙绳一样的长度；

（3）天线自动竖起后，开始发报。

（二）陆地使用方法

（1）取下发射器的套子或袋子；

（2）解开尼龙绳，割断水溶固定带，拨直天线；

（3）将水装入袋内，不超过标志线；

（4）把发射器放入袋内；

（5）发射器开始工作。

（三）应注意的问题

（1）在海水中，5 秒钟后即可发报，在淡水中要 5 分钟后才发报；

（2）袋内或套内，只能放水、咖啡、果汁或尿，发射器不能放入油中；

（3）陆地使用时，周围不能有障碍物，不要倒放，或躺放；

（4）每次只使用一个；

（5）存放在舱内的发射器没有塑料套子，只有一个塑料袋存放在发射机的尼龙绳下面；

（6）关闭时，将发射器从水中取出，天线折回，躺倒放在地上。

二、救生衣

救生衣是在水上撤离时使用的。机组人员的救生衣是红色的，乘客救生衣是黄色的，存放在各自座椅下的口袋里或扶手内。

（一）成人救生衣使用方法

（1）取出救生衣，经头部穿好。

（2）将带子扣好系紧。

（3）拔掉电池上的电池销。

（4）打开充气阀门。

（5）充气不足时，拉出人工充气管，用嘴向里吹气。

(6) 使用时应注意的问题:

1) 当用手按住人工充气管的顶部，气会从充气管内放出;

2) 除非救生船已坏，否则不要尝试穿救生衣游泳;

3) 不能自理及上肢残疾的乘客，穿好后要立即充气;

4) 其他乘客的救生衣在离开飞机、上船前充气。

(二) 儿童救生衣使用方法

(1) 使用：儿童救生衣与成人救生衣的使用方法相同。

(2) 成人救生衣给儿童穿戴时的方法:

1) 取出救生衣，经头部穿好;

2) 把带子放在两腿之间，扣好系紧;

3) 拔掉电池销;

4) 打开红色充气阀门;

5) 充气不足时，拉出人工充气管用嘴向里吹气;

6) 儿童离开座位后充一半气。

(三) 婴儿救生衣使用方法

婴儿救生衣有两个气囊，背部有三个对扣的扣子。救生衣上有一个水激电池提供电源的定位灯和供成人拉住婴儿的短绳。婴儿救生衣穿戴如图 3-14 所示。

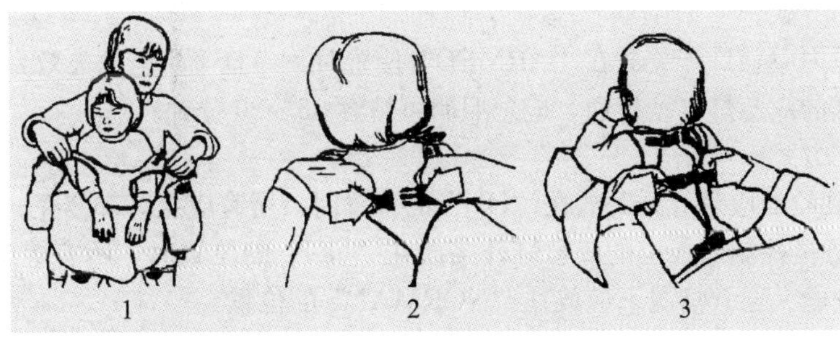

图 3-14 婴儿救生衣穿戴

(1) 拉带子打开塑料包取出救生衣;

(2) 把救生衣由前向后穿好;

(3) 将后背上的三个扣子扣好;

(4) 调节上部的两个扣子（下部的扣子不能调节)，使救生衣适合婴儿身体;

(5) 撤离时离开飞机前，成人拉救生衣下部的两个充气阀门，使救生衣充气;

(6) 如果救生衣充气不足，成人用人工充气管帮助充气。

三、应急照明

(一) 应急手电筒

1. 使用

(1) 从储藏位置取下后，自动发光;

（2）使用约 4 小时。

2. 飞行前的检查

（1）确认应急手电筒在指定的位置并固定好；

（2）确认电源显示红色灯 3～5 秒钟闪亮一次。如果闪亮时间间隔过长，应请地面机务人员更换电池；

（3）应急手电筒只能在紧急情况下使用。手电筒如图 3－15 所示。

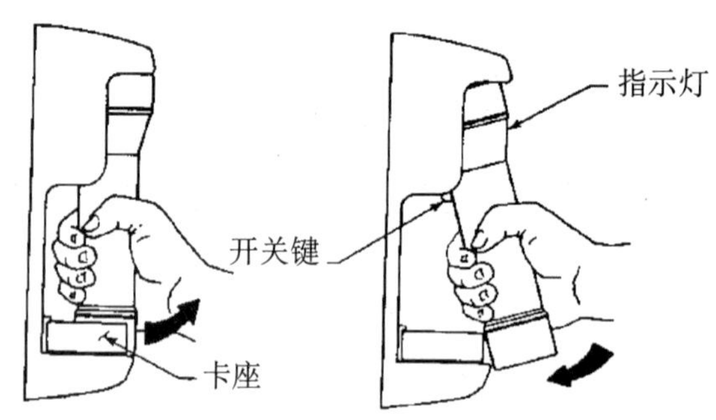

图 3－15　手电筒

（二）应急灯

1. 应急灯的使用

（1）自动方式。

当驾驶舱内应急灯开关放在“ARMED”位置时，一旦飞机电源失效，所有飞机内部和飞机外部的应急灯自动接通，应急照明可持续 15～20 分钟。

（2）人工方式。

1）当驾驶舱的应急灯开关放在“ON”的位置时，所有应急灯都会亮。

2）当乘务员控制面板上的应急灯开关放在“ON”的位置时，所有应急灯也会亮，并可操控驾驶舱。通常情况下应放在“NORMAL”的位置。

3）应急灯开关位置。A320－200 型飞机的应急灯光开关位置在 L1 门客舱乘务员控制板上。

2. 飞行前的检查

测试所有的应急灯开关放在“NORMAL”位置，测试开关在乘务员控制面板上。

3. 位置

（1）在地板和通道上有撤离指示灯和应急出口灯。

（2）外部应急灯位于每个门的后面，照亮滑梯部分。每个滑梯上也有灯，用来照亮滑梯接地部分。

四、麦克风

麦克风是用于应急情况下指挥旅客的广播系统，可以在客舱内、外使用。麦克风如图 3－16 所示。

（一）使用

（1）按下讲话开关；

（2）将麦克风靠近嘴部讲话；

（3）根据声音调节音量。

（二）注意事项

不要用喊话筒对着机身讲话（出现回音），避免音量过大（也会出现回音）。

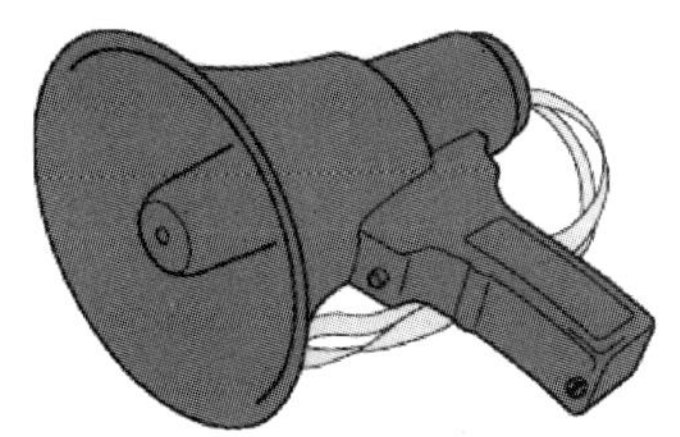

图 3-16 麦克风

五、急救药箱

（一）机上急救药箱使用规定

每架飞机在载客飞行中急救药箱的数量规定如表 3-1 所示。

表 3-1 急救药箱数量

旅客座位数（位）	急救药箱数量（个）
0～50	1
51～150	2
151～250	3
250 以上	4

（1）急救药箱应均匀地放在飞机上指定的位置；

（2）每只急救药箱应当防尘、防潮；

（3）每只急救药箱内至少配备以下医疗用品，如表 3-2 所示。

表 3-2 急救药箱清单

项目	数量
绷带，5 列	10 卷
消毒棉签	20 支
敷料，10cm×10cm	8 块
三角巾	5 条
外用烧伤药膏	3 支
手臂夹板	1 副
腿部夹板	1 副
绷带，3 列	4 卷
胶布，1cm、2cm	各 1 卷
剪刀	1 把
橡胶手套或防渗透手套	1 副

（二）使用

（1）在机上出现外伤或需用其中用品时即应取用；

（2）经过急救训练的乘务人员或在场的医务人员或经专门训练的其他人员均可打开并使用此药箱内物品，但非本航班乘务员应在开箱时出示相关的证书证件；

（3）用后要做好相应记录，一式两份，要有乘务长或机长签名，应将记录单交使用人一份，一份留在箱内上交承运人的航空卫生部门。

六、应急医疗药箱

每架飞机在载客飞行时应当至少配备一只应急医疗药箱，存放在机组人员易于取用的位置，应急医疗药箱应当妥善存放于能够防尘、防潮、防损坏的位置。

每只应急医疗药箱内应当至少配备以下医疗用品和物品，如表 3－3 所示。

表 3－3　应急医疗药箱清单

项目	数量
血压计	1 个
听诊器	1 只
人造口咽气道（三种规格）	各 1 个
一次性注射器和针头（用药所需的各种规格）	4 支
50％葡萄糖注射液	60ml
1∶1000 肾上腺素单次用量安瓿或等效量	2 支
盐酸苯海拉明注射液	2 支
硝酸甘油片	10 片
去痛片	20 片
颠茄片	20 片
黄连素	24 片
皮肤消毒剂	100ml
消毒棉签	40 支
箱内医疗用品清单和药物使用说明	1 份

（1）只要机上有急重伤病旅客，乘务员应广播找医务人员帮助，应出示应急医疗药箱内容物品名称、用法一览表供医务人员使用；

（2）当医务人员要求打开并使用其内物品时，应确认并记录证明该人为医务人员身份；

（3）使用应急医疗药箱后，应一式三份做好使用记录，并在相应位置请机长、使用医生和乘务人员分别签名；

（4）将应急医疗药箱使用登记表一份送到达站的有关部门，一份交使用药箱的医生，一份留在应急医疗药箱内上交承运人的航空卫生部门作统计。

七、救生船上的设备

救生船设备使用方法见表 3 - 4。

表 3 - 4 救生船设备使用方法

名称	位置	用途	使用方法
救命包 Survival Kit	位于救生船内或救生船头	用于迫降后的求救和救生	按物品说明书使用
顶棚 Canopy	救生船内、外或救命包内	用于水上迫降时遮风挡雨、防寒防晒，同时可作为求救信号	打开顶棚，对号与顶棚支柱连接并固定
顶棚支柱 Canopy Pole	位于救生船内、船体上或救命包内	用于支撑顶棚，加大船内空间	按各机型救生船设备说明书使用
海锚 Sea Anchor	位于救生船头	用于救生船的稳定	到达安全区后在风上侧，抛出海锚
连接绳 Mooring Line	位于救生船头	用于救生船之间的连接	按各机型救生船设备说明书使用
刀子 Hook Knife	位于救生船头左侧	用于割断救生船与飞机的连接绳	
救生绳 Heaving Line	位于救生船尾左侧	用于救助落水者	将救命绳和救命环抛入水中，落水者可抓住救命环
救生环 Heaving Ring	位于救生绳上	用于救助落水者	救助者也可将救助环套在自己的肩上跳入水中，营救落水者
（内、外）救助绳 Live Line	位于救生船身内、外两侧	用于在船上或水中移动时当扶手使用	
手动打气泵 Hand Pump	位于救生船头	用于为救生船补气使用	将打气泵旋入充气孔，用手向里压气
充气孔 Inflate Valve	位于救生船头	用于为救生船补气使用	
登船处 Boarding Station	位于救生船头和船尾或船体边上	用于登船时使用	
登船绳梯 Boarding Ladder	位于救生船头和船尾或船体边上	用于登船时使用	

续表

名称	位置	用途	使用方法
定位灯 Locator Light	位于救生船头和船尾	用于水上迫降时，显示救生船的位置	
通风窗口 Windows	位于顶棚上	用于水上迫降时，使船内空气流通	将拉链拉开即可通风
应急定位发射器 E. L. T	位于救生船头或船体边上	用于迫降后，发出求救信号	将发射器上的连接绳与船体连接，抛入水中

八、SK包内的物品

SK包（应急救生包）清单见表3-5。

表3-5 SK包清单

名称	用途
生存指南 Survival Book	幸存者的生存指南
救生船说明书 Raft Manual	救生船上设备的使用
药品包 Medicine Bag	急救时按说明使用
压缩食品 Food	用于食品补充
饮用水 Water	用于淡水的补充
水桶 Bailing Bucket	清理船中的积水
海绵 Sponge	吸收船中的积水
修补包 Repair Kit	修补船的漏洞

边学边练

每4～5人为一个乘务组，指定1名学生作为乘务长，其余学生为乘务员，在模拟舱练习海伦灭火瓶和氧气瓶的使用方法及操作流程。

任务三　客舱设备检查与调试

任务描述

通过本任务的学习，学生需要了解空客A320客舱布局、厨房、服务设备介绍和乘务员控制面板的检查与调试，方便乘务员在航班中正确使用，能够更好地为旅客提供服务。

活动一 空客 A320 客舱布局

空客 A320 型飞机属亚音速中短程飞机，客舱分为头等舱、普通舱两个部分。客舱设有两个登舱门、两个服务门及四个客舱应急出口门，两个登舱门和两个服务门分别位于飞机的左侧和右侧的前部和后部，均为塞式密封门，向上提起操纵手柄，然后向机头方向平移打开。四个客舱应急出口门分别位于机翼前后，仅用于应急撤离。（注：所有舱门在发生紧急情况时都能成为应急出口。）空客 A320 客舱原座位布局如图 3－17 所示，新座位布局如图 3－18 所示。

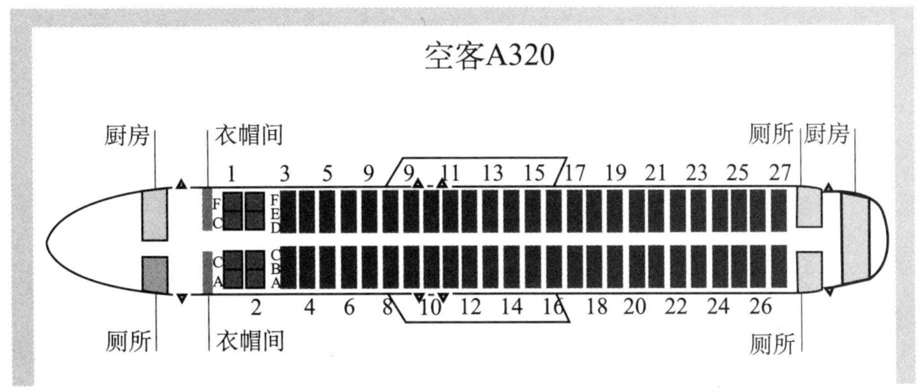

图 3－17 空客 A320 客舱原座位布局

一、行李架

行李架位于客舱每排座椅的上方，是沿着两侧壁板排布的，边上装有扶手槽。每个行李架装置有两个门，能承受 76 千克（168 磅），即使行李架未装满，其内部的固定装置也可以固定里面的行李。行李架主要用来存放旅客的行李物品。乘务组登机后对客舱清舱检查，首先进行行李架清舱检查并向乘务长汇报。在旅客登机前，确保所有行李架必须全部打开；旅客登机后，所有行李架必须全部关闭；起飞、下降安全检查时，确认所有行李架扣好；旅途中及时发现未关闭扣好的行李架；旅客下机后打开所有行李架进行检查并报告。男乘务员关行李架操作如图 3－19 所示，女乘务员双手关行李架操作如图 3－20 所示，女乘务员关行李架手位如图 3－21 所示。

二、衣帽间

衣帽间位于客舱的前部，共有两个，分别位于前舱的左边和右边。衣帽间内设衣物挂架，主要用于存挂头等舱旅客的衣服。乘务组登机后对客舱衣帽间清舱检查并向乘务长汇报。要确保衣帽间内无外来人员、无外来物品等。衣帽间如图 3－22所示。

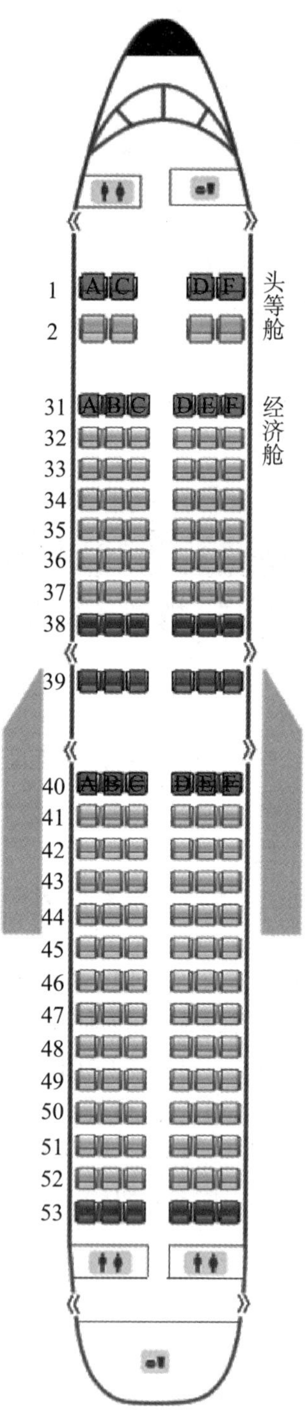

图 3-18　空客 A320 客舱新座位布局

图 3-19　男乘务员关行李架操作

图 3-20　女乘务员双手关行李架操作

图 3-21　女乘务员关行李架手位

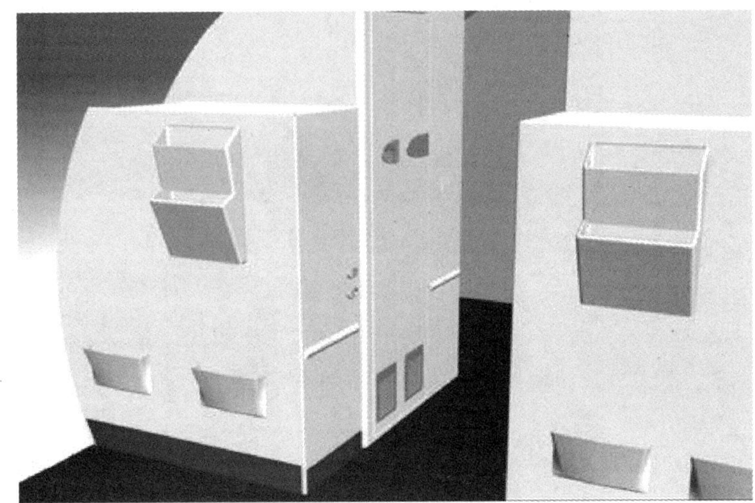

图 3-22 衣帽间

三、婴儿摇篮

婴儿摇篮存放在客舱的前部，在衣帽间内，仅供婴儿旅客使用。飞机起飞和下降前需要收起，飞机平飞后为需要的婴儿旅客提供服务。乘务组登机后对客舱衣帽间内的婴儿摇篮进行检查并向乘务长汇报。要确保婴儿摇篮干净、完好，能够正常使用。婴儿摇篮如图 3-23 所示。

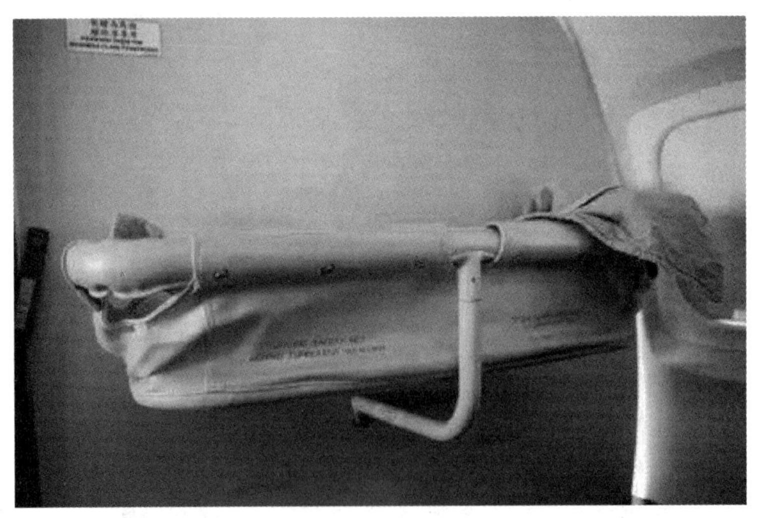

图 3-23 婴儿摇篮

四、洗手间

A320 飞机共有 3 个洗手间，分别是 LA/LD/LE 洗手间。L1 门处 1 个，L2 门处 1 个，R2 门处 1 个。LA 洗手间位于客舱的前部，为头等舱旅客和机组人员使用，

LD、LE 两个洗手间位于客舱后部，可供经济舱旅客使用。客舱 LD 洗手间如图 3－24所示。

图 3－24 客舱 LD 洗手间

LD 洗手间的一侧壁板是活动的，可拆卸；供担架旅客通行。把壁板朝洗手间内推进，就有足够的空间供载人的担架从后客舱门进入客舱。在不使用时，该口盖可从洗手间内部固定。

（一）门闩

当洗手间有旅客使用并把门闩锁上时，洗手间门上的显示牌显示“OCCUPIED”（“有人”字样）；洗手间无人使用时，洗手间门上的显示牌显示“VACANT”（“无人”字样）。特殊情况下，乘务员可以从外部打开或锁上洗手间的门，方法是：打开卫生间门口显示牌上方的盖板，向左侧或右侧拨动盖板下的门闩即可。

（二）设施

每个洗手间内都装有洗手间服务组件、真空抽水马桶、洗手盆、镜子、镜灯、通风口、残疾人扶手、婴儿护理板、摆放卫生用品的柜子和垃圾箱，上方有扬声器、烟雾警报器、自动灭火系统、氧气面罩组件、呼叫按钮、“返回座位”新号牌等设施。洗手间马桶如图 3－25 所示，洗手间洗手盆如图 3－26 所示，洗手间婴儿板如图 3－27 所示，洗手间无人状态如图 3－28 所示，洗手间有人状态如图 3－29 所示。

图 3－25　洗手间马桶

图 3－26　洗手间洗手盆

图 3-27 洗手间婴儿板

图 3-28 洗手间无人状态

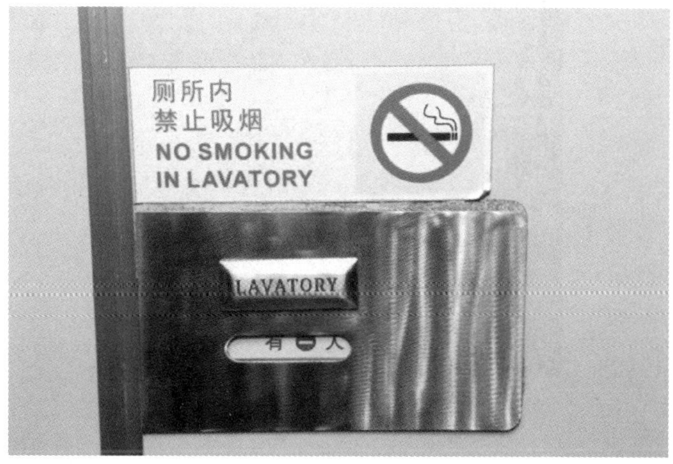

图 3-29 洗手间有人状态

边学边练

根据图3-19、图3-20、图3-21所示，每4～5人为一个乘务组，指定1名学生作为乘务长，其余学生为乘务员，在模拟舱练习行李架如何打开和关闭。

操作1：关行李架时五指尽量并拢；双手或单手即可。

操作2：关行李架时动作要轻，不宜过重而制造出过大响声。

操作3：检查行李架是否扣严，绳子和包的带子不要掉在外面，小推车禁止放在行李架上。

操作4：开行李架时，一手打开扣锁，同时另一手扶着行李架边缘部分，观察有无行李掉下来，确保安全后，方可打开行李架。

活动二　空客A320厨房介绍

A320飞机共有2个厨房，前厨房位于客舱的前服务间，后厨房位于客舱的后服务间，用于为旅客提供餐饮服务。厨房内配有餐车（餐车位）、烤箱、烧水杯、烧水器、保温箱、配电板、垃圾箱等设施。

检查时要注意：水车、餐车刹车装置工作正常，储物格无变形，如刹车失灵或储物格变形应让航空食品公司的工作人员进行更换；如有其他原因未及时更换，乘务长须记录在乘务日志上；垃圾箱盖板处于关闭状态；下水槽畅通；示范演示用品的设备数量及质量，确认所有物品都在备用状态；关闭状态的舱门未夹带物品。前舱厨房如图3-30所示，后舱厨房如图3-31所示，后舱厨房加水壶如图3-32所示，后舱厨房电源如图3-33所示。

图3-30　前舱厨房

图 3-31 后舱厨房

图 3-32 后舱厨房加水壶

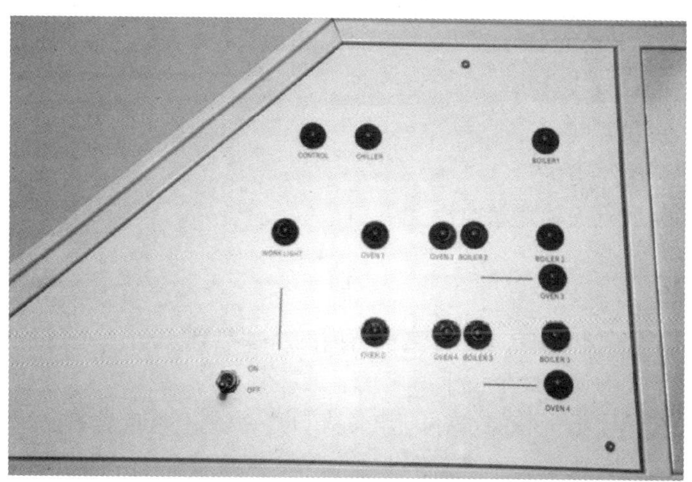

图 3-33 后舱厨房电源

活动三　空客A320服务设备介绍

一、餐车

餐车存放在飞机前、后厨房的餐车位处。餐车刹车踩好、锁扣扣好并固定。在航班中，餐车是为旅客提供饮料和餐食的储藏用品。餐车如图3－34所示。

图3－34　餐车

二、烤箱

飞机上共有6个烤箱，其中2个位于前厨房，4个位于后厨房。烤箱用于加热食物。操作时，应根据食物性质选定时间、温度后启动。在加热前要确保烤箱内无任何其他异物，飞机起飞、着陆前烤箱必须断电。

使用方法：

（1）按下烤箱电源；

（2）设定时间和温度；

（3）按下“开始”键；

（4）食品烤完后再关掉烤箱电源。

三、烧水杯

烧水杯是用来烧煮热水的，可将热水器内的水加热到100℃。飞机上共有3个烧水杯，其中1个位于前厨房，2个位于后厨房。

使用方法：在配电板上将烧水杯的开关从OFF扳到ON的位置。

烧水杯如图3－35所示。

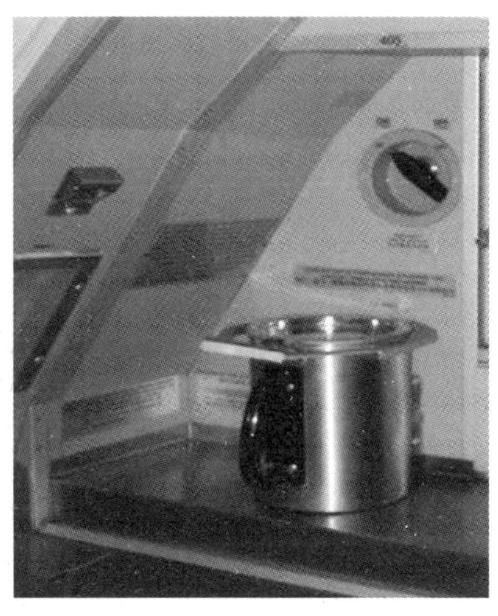

图 3－35　烧水杯

使用方法：

（1）打开 ON 开关；

（2）检查 NO WATER 指示灯，如灯亮，说明烧水器里还没加水，暂不能烧水；

（3）NO WATER 灯灭后，可以使用；

（4）READY 灯亮，说明水已烧开，可以使用。

四、保温箱

飞机上只有 1 个保温箱，位于前厨房烤箱的上方。保温箱的温度为恒温，用于毛巾、餐具等用品的温热，不能用于食品的加热。

保温箱使用方法：在配电板上将其 BUN WARMER 开关从 OFF 扳至 ON 的位置。乘务员加水操作如图 3－36 所示。

图 3－36　乘务员加水操作

边学边练

操作 1：确保厨房内无外来人、外来物。
操作 2：检查厨房电器电源设备是否处于正常状态。
操作 3：检查厨房水供应是否充足。
操作 4：检查厨房地板、服务台、烤炉、冰箱等是否清洁。
操作 5：检查无误后，报告乘务长。

五、乘务员座椅

A320 客舱内共有 6 个乘务员座椅，分别是 L1 门处 2 个，L2 门处 2 个，R2 门处 2 个。

乘务员座椅上有安全带和肩带，在飞机起飞、下降、颠簸和遇紧急情况时，乘务员为了自身安全，要系好安全带和肩带。每个乘务员座椅下方有救生衣、手电筒、释放针等。前舱乘务员座椅一如图 3-37 所示，前舱乘务员座椅二如图 3-38 所示，后舱乘务员座椅如图 3-39 所示，旅客座椅下方救生衣如图 3-40 所示，乘务员座椅下方救生衣如图 3-41 所示，救生衣和手电筒如图 3-42 所示。

图 3-37　前舱乘务员座椅一

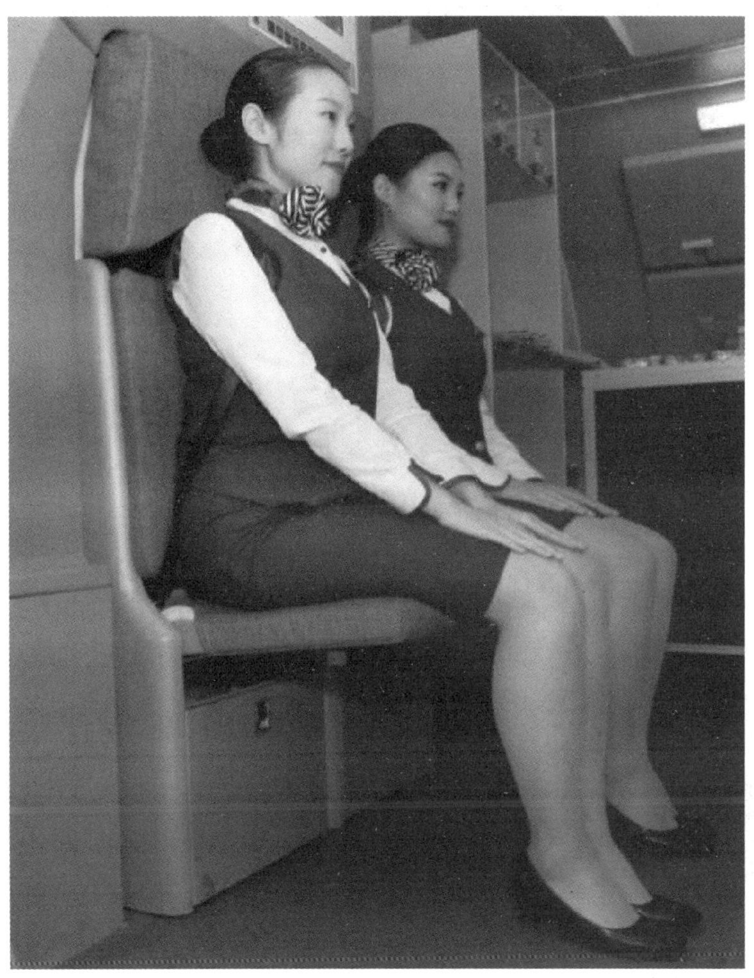

图 3-38 前舱乘务员座椅二

图 3-39 后舱乘务员座椅

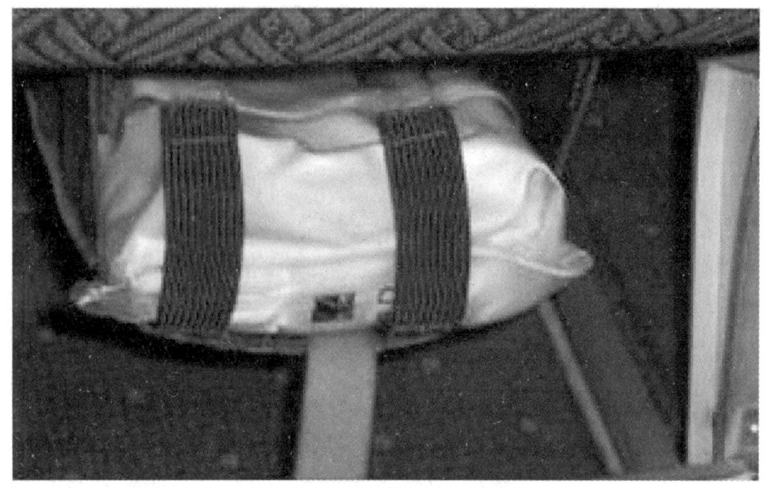

图 3-40　旅客座椅下方救生衣

图 3-41　乘务员座椅下方救生衣

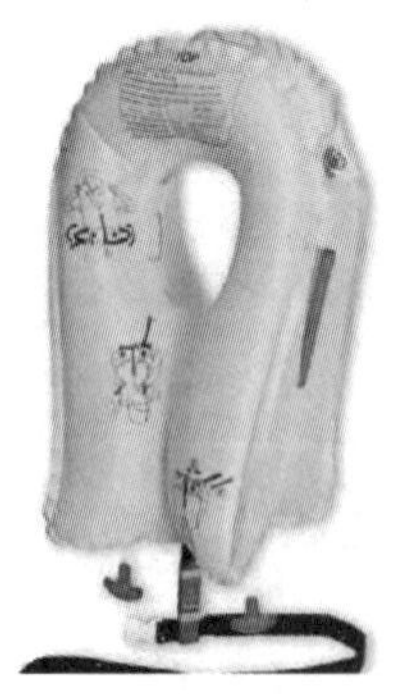

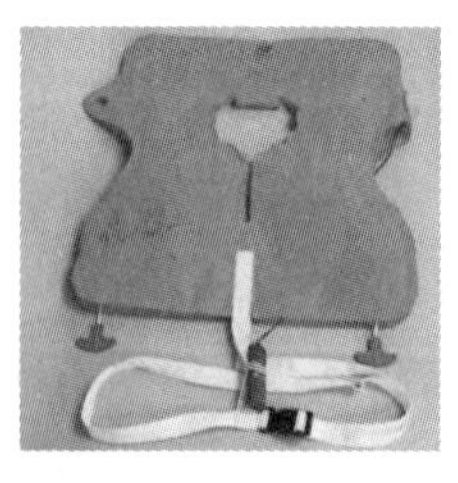

图 3-42　救生衣和手电筒

六、乘务员通信系统

飞机的客舱通信系统包括客舱内话系统、旅客广播系统、洗手间呼叫系统等。飞机上安装有多部内话机，通过内话机上的按钮转换，可以实现乘务员之间通话、乘务员与驾驶舱通话、对客舱广播等多种功能。乘务员内话机如图 3-43 所示。

图 3-43 乘务员内话机

（一）客舱内话系统

客舱内话用于乘务员之间以及乘务员与驾驶舱之间的通信，并通过乘务员控制面板和区域控制面板来显示。

在每个乘务员的工作区都有一个用于对旅客广播和内话呼叫的整体式按键手机。在进行客舱内话时，应取下内话机，然后按压相应按键呼叫相关人员。按压“RESET”键或将内话机挂回支架，则通信终止。正常情况下客舱呼叫驾驶舱见表 3-6，紧急情况下客舱呼叫驾驶舱见表 3-7，服务台呼叫另一服务台见表 3-8，服务台呼叫所有服务台见表 3-9。

表 3-6 正常情况下客舱呼叫驾驶舱

客舱	驾驶舱
1. 从支架上拿起手机，相应的 AIP 显示“#”号，并呈绿色 2. 按下“CAPT”键 3. 相应的 AIP 显示“CAPTAIN CALL”信息	➢ 驾驶舱 ACP 上的 ATTND 灯闪烁

注：AIP 为乘务员信息面板，ACP 为区域呼叫面板。

表 3-7 紧急情况下客舱呼叫驾驶舱

在客舱	在驾驶舱
1. 从支架上拿起手机，相应的 AIP 显示“#”号，并呈绿色 2. 按下 EMER CALL 键 3. 相应的 AIP 显示“EMERGENCY CALL”闪烁，红灯亮。 4. 蜂鸣声响三次	➢ 头顶上 ATTND 灯闪烁 ➢ EMER CALL 闪烁 ➢ 蜂鸣声响三次

表 3-8 服务台呼叫另一服务台

前服务台	后服务台
1. 从支架上拿起手机，AIP 出现“#”号，并呈绿色 2. 按下 AFT L ATTND 键 3. AIP 上显示“AFT L”	➢ ACP 显示“CALL FWD L”并呈绿色 ➢ ACP 上粉红色灯亮，并伴有高低钟声

注：通完话后，要按复位键或将手机放回手机架上，以便系统复位。

表 3-9 服务台呼叫所有服务台

<table>
<tr><th colspan="2">呼叫区域</th><th>被呼叫区域</th></tr>
<tr><td colspan="2">1. 从支架上拿起手机，AIP 出现“#”号，并呈绿色。
2. 按下 1 键 ALL ATTND 键，AIP 显示“ALL”</td><td>➢ AIP 显示“CONFERENCE CALL”并呈绿色</td></tr>
<tr><td>客舱内</td><td>1. 所有 ACP 上粉红灯亮
2. 扬声器伴有高低钟声</td><td>同上</td></tr>
</table>

注：如 AIP 上显示 BUSY，说明被呼叫一方正在使用手机或没挂回手机。

（二）旅客广播系统

旅客广播可通过任何一部手机来执行，通过旅客座椅上方的扬声器给旅客提供广播。除了旅客座位上方以外，每个洗手间厨房区域都有一个扬声器。

以空客 A320 为例，旅客广播可分为两个区域：头等舱（1～2 排）和经济舱（31～54 排）。

驾驶舱广播、乘务员广播及预录通告都是通过旅客广播系统完成的。该系统通过扬声器从驾驶舱或客舱乘务员处向客舱区域、厨房区域和盥洗室区域进行旅客广播。

驾驶舱顶部的旅客广播开关可将内话机连接到旅客广播系统，机组人员可通过内话机进行旅客广播。具体操作为：取下内话机，按压旅客广播呼叫键，然后按住“PTT”送话键，即可进行客舱广播。

1. 客舱广播顺序

客舱广播设有等级操控系统，一旦出现紧急情况，需要播放紧急通知时，客舱内话系统将自动复位。客舱广播的等级排序为：驾驶舱广播、乘务员广播、预录广播、机上录像、登机音乐。

2. 客舱广播程序

操作 1：将手机从手机架上取下，相应 AIP 显示绿色及“#”号。

操作 2：按下“PA ALL”（全部客舱）/“PA FWD”（头等舱）/“PA AFT”（经济舱）。客舱内会响起提示钟声，相应的 AIP 上显示：“PA ALL”/“PA FWD”/“PA AFT”。其他的 AIP 显示“PA ALL IN USE”/“PA FWD”/“PA AFT”。

操作 3：按压“PUSH TO TALK”（PTT）键，并对着麦克风广播即可。

操作 4：广播完后，将手机放回手机架上或按下复位键（RESET）进行复位。

乘务员在进行旅客广播如图 3－44 所示。

图 3－44 乘务员在进行旅客广播

（三）旅客座位呼叫

旅客呼唤铃位于旅客服务组件内（PSU）。如：31A 旅客呼叫乘务员，旅客座位呼叫见表 3－10。

表 3－10 旅客座位呼叫

客舱	服务台
1. 按压 PSU 上的呼唤铃	相应区域 AIP 显示“PAX 31A”
2. 显示座位牌号的橘黄色灯亮，起飞前则为闪烁	相应区域 ACP 上蓝色指示灯亮
3. 扬声器发出高音钟声	伴有高音钟声

注：如需复位则在此 LSE 上再次按下呼唤铃即可。

（四）洗手间呼叫系统

洗手间呼唤铃位于洗手间里的洗手间服务组件上。洗手间呼叫见表 3－11。

表 3－11 洗手间呼叫

洗手间内	服务台
1. 按压洗手间服务组件上的呼唤铃	相应的区域呼叫面板上琥珀色灯亮
2. 洗手间内呼唤铃指示灯亮 洗手间外门上的右上角琥珀色灯亮	相应的乘务员指示面板上显示出洗手间的名称
3. 扬声器发出高音钟声	伴有高音钟声

注：如需复位则在此 LSE 上再次按下呼唤铃即可。

（五）区域呼叫面板（ACP）

区域呼叫面板安装在客舱顶板。ACP 有四种颜色：琥珀色、两个粉色及蓝色区。各区可以通过以下位置的灯亮引起乘务员注意：洗手间呼叫（琥珀色区稳定亮），洗手间烟雾（琥珀色区闪亮）；机组呼叫（粉色区稳定亮或闪亮）；旅客呼叫（蓝色区稳定亮）。如图 3-45 所示。

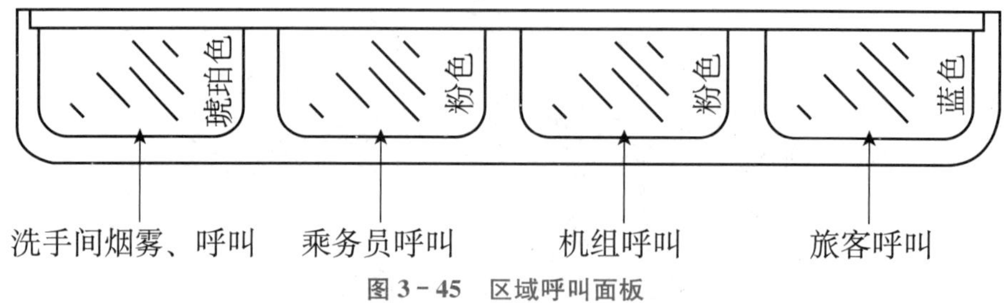

图 3-45　区域呼叫面板

1. 旅客呼叫

当有旅客呼叫乘务员时，呼叫发出的前/后侧的 ACP 上蓝色区灯光稳定亮。

2. 机组呼叫（粉色区稳定亮或闪亮）

驾驶舱机组呼叫乘务员或乘务员之间呼叫，则 ACP 上两个粉色灯稳定亮。当驾驶舱有紧急呼叫时，两个粉色灯便会同时闪亮。

3. 洗手间呼叫

与该洗手间相连的 ACP 上的琥珀色灯稳定亮；各乘务员区域 AIP 屏幕上有相应的显示。旅客标志牌见表 3-12。

表 3-12　旅客标志牌

存在位置	客舱顶部	客舱顶部	洗手间内
不同状态下标志灯类别	“请勿吸烟”	“系好安全带”	“请回座位”
地面	亮	亮	亮
当襟翼及起落架收起	亮	灭	灭
当飞机下降至 10 000 英尺以下或襟翼放下	亮	亮	亮
当起落架放下	亮	亮	亮
当客舱高度超过 10 000 英尺或客舱失压	亮	亮	灭

注：每当标志牌亮起或熄灭时都伴有一谐音“叮咚”。

（六）应急撤离信号

当飞机需要应急撤离时，可通过驾驶舱或客舱发出此信号，在客舱内会有非常尖锐、刺耳、连续的警告声。

驾驶舱内有个撤离信号控制面板，上面由两个选择挡位（CAPT&PUSER/CAPT）。

客舱内 FAP 的附属控制面板上有 CMD 键、EVAC 键和 RESET 键分别用于发出、显示和复位撤离信号。

当处于驾驶舱撤离信号控制面板挡位位于 CAPT&PUSER 位时，撤离信号可由驾驶舱和客舱同时发出；当按下 FAP 上的 CMD 按钮时，在客舱内会有非常尖锐、刺耳、连续的应急撤离信号声。应急撤离信号可在 FAP/AAP 上按下 RESET 键进行复位。按下复位键后，相应区域的客舱的警告声停止。

当处于 CAPT 位时，撤离信号只由驾驶舱发出，若此时按下 FAP 上的 CMD 键，客舱内不会出现撤离信号声，但驾驶舱内会出现 3 声警告声。

七、旅客座椅

A320 飞机的旅客座位的具体数量根据航空公司的需要可以适当调整，一般为 158～180 个。以客舱通道为界，经济舱中通道左右各有 3 个旅客座椅；头等舱中通道左右各有 2 个旅客座椅。旅客座椅如图 3-46 所示。

图 3-46 旅客座椅

旅客座椅上装有一条安全带，座椅扶手上装有调节座椅靠背角度的按钮；紧急出口处的座椅靠背固定，不能调节角度。每一座椅背后均装有供后排旅客使用的椅背网袋（除最后一排外）和可折叠的小桌板。安全带分成年人安全带、未成年人安全带和加长座椅安全带。

乘务员应检查旅客安全带、小桌板、座椅靠背是否可以正常调节，遮阳板等设施状态是否正常。

（一）安全带

系好安全带是乘机旅客必须遵守的安全规定。在飞机起飞、下降、颠簸或遇紧急情况时，可以防止因突然的撞击所带来的人员伤害。如旅客不愿意系安全带，乘务员应耐心地劝导，主动向旅客介绍系安全带的重要性。安全带打开如图 3-47 所示，安全带系好如图 3-48 所示，旅客座椅安全带系好如图 3-49 所示。

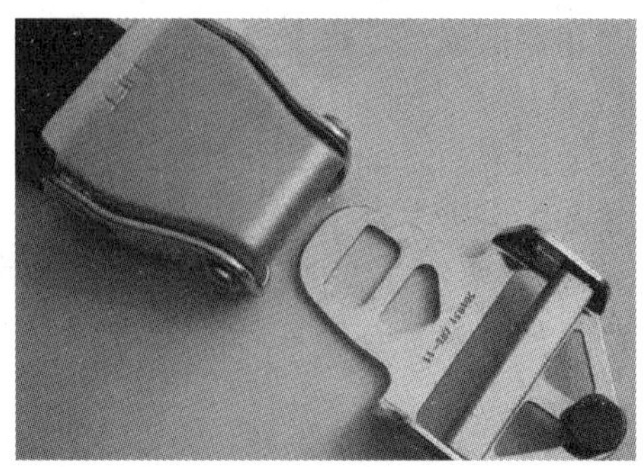

图 3-47　安全带打开

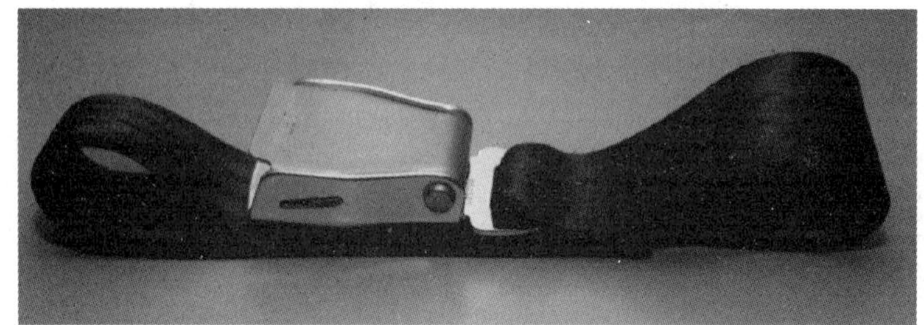

图 3-48　安全带系好

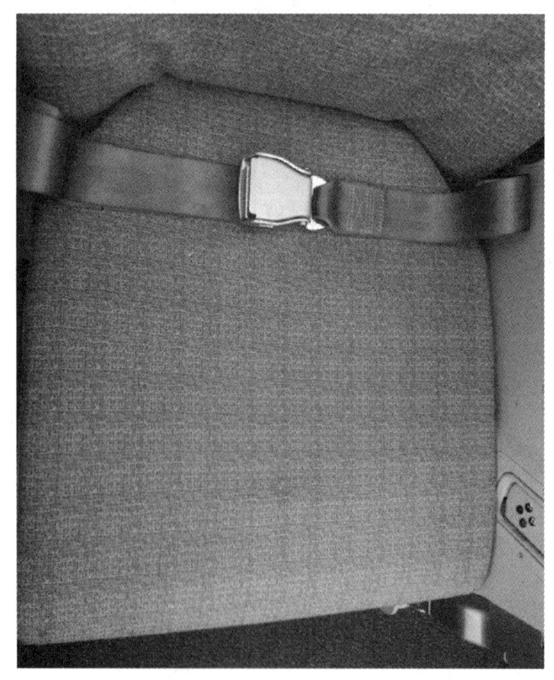

图 3-49　旅客座椅安全带系好

（二）小桌板

中断起飞时，由于惯性的作用，小桌板易伤着旅客；紧急撤离时，放下的小桌板会阻挡旅客逃生。经济舱第一排扶手如图 3-50 所示，经济舱第一排小桌板如图3-51

所示，经济舱第一排小桌板打开如图 3－52 所示，小桌板收起如图 3－53 所示。

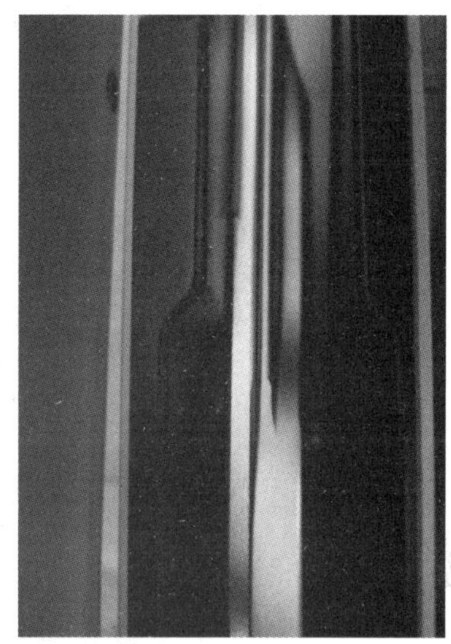

图 3－50　经济舱第一排扶手

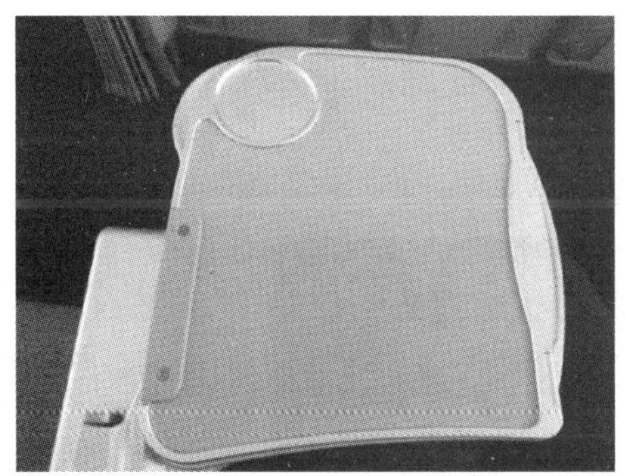

图 3－51　经济舱第一排小桌板

图 3－52　经济舱第一排小桌板打开

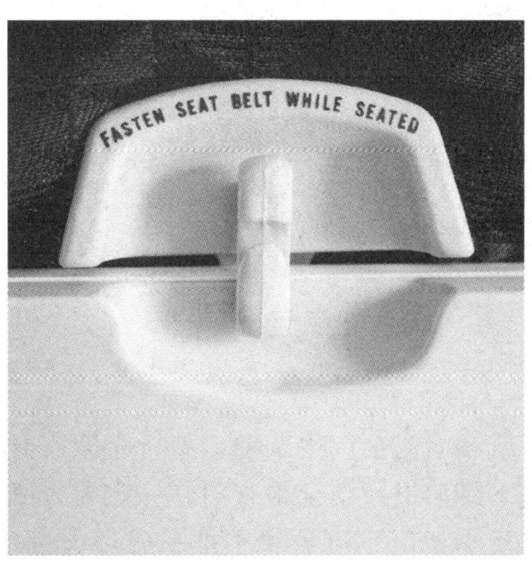

图 3－53　小桌板收起

（三）座椅靠背

座椅靠背如未放直，遇紧急情况时，影响后座旅客的紧急撤离；当人身体处于放松状态，遇突发事件时，因反应能力下降从而可能危及自身的生命安全。座椅靠背如图 3－54 所示。

图 3－54　座椅靠背

（四）遮阳板

飞机起飞和下降过程中将遮阳板打开，是为了便于旅客和空乘人员观察外面的情况，因为机长是不可能随时观察飞机中后部出现的意外问题的。遮阳板如图 3－55 所示。

图 3－55　遮阳板

（五）行李架

由于飞机起飞、下降或颠簸时会产生震动，如行李架震开，行李易滑落伤着旅客，所以乘务员在飞机起飞、下降前进行安全检查时，一定要仔细，必须触摸每个行李架，确保每个行李架都扣好。行李架上不可放置小推车或过大过重的行李，两个密码箱不能叠放在一起。行李架如图 3－56 所示。

图 3-56 行李架

（六）紧急出口

紧急出口用于紧急情况时疏散旅客，此处不得堆放行李和其他物品，保障在任何情况下都畅通无阻。紧急出口如图 3-57 所示。

图 3-57 紧急出口

（七）旅客服务组件和旅客信息组件

1. 旅客服务组件

旅客服务组件位于客舱旅客头顶上方的行李架的底部。每个旅客服务组件都配备了通风口、阅读灯、呼叫铃以及座位牌号标识。旅客服务组件如图 3-58 所示。

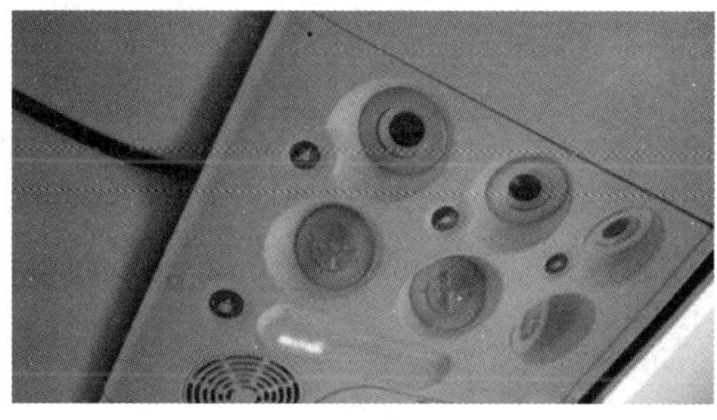

图 3-58 旅客服务组件

（1）通风口。转动通风孔可以调节空气。

（2）阅读灯及其开关。用于旅客阅读刊物时照明。

（3）呼唤铃。当旅客需要帮助时，可按呼唤铃呼叫乘务员。

（4）座位牌号标识。旅客登机时可以通过行李架下方的座位牌号标识找到自己的座位。

2. 旅客信息组件

旅客信息组件（PIU）安装在行李架上的服务通道上，包括一个扬声器（用于收听客舱广播）、“禁止吸烟”和“请系好安全带”信号灯、氧气面罩储存面板。氧气面罩储存面板存放有氧气面罩，当客舱出现释压时使用信息指示牌。“禁止吸烟”“请系好安全带”信息指示灯、开关在驾驶舱。旅客信息组件一如图 3－59 所示，旅客信息组件二如图 3－60 所示。

图 3－59 旅客信息组件一

图 3－60　旅客信息组件二

旅客氧气面罩左 4 个、右 4 个分布，可提供大约 12 分钟的氧气。旅客用氧有三种供氧方式：（1）自动方式。如果客舱高度超过 14 000 英尺（约 4 200 米），客舱失压后，氧气面罩自动脱落。

（2）电动方式。当自动方式失效或在任何高度层，由机组操纵驾驶舱内的旅客供氧电门，氧气面罩自动脱落下来。

（3）人工方式。由人工方式使用尖细物品打开氧气面罩储藏箱的门，使氧气面罩脱落。使用注意事项：只有拉动面罩后才开始工作，且拉动一个面罩可使该氧气储藏箱内所有的面罩都有氧气流出。在化学氧气发生器工作时，会产生热量，应注意避免烫伤。机上发生火灾时，氧气面罩不能做防烟面罩使用；用氧开始后，客舱内严禁吸烟和一切明火。使用完后，要填写客舱记录本。氧气面罩脱落如图 3－61 所示。

图 3－61　氧气面罩脱落

边学边练

以乘务组为单位，在模拟舱进行五项安全检查的练习。

操作 1：安全带检查。

操作 2：小桌板检查。

操作 3：座椅靠背检查。

操作 4：遮阳板检查。

操作 5：行李架检查。

操作 6：检查无误后，报告乘务长。

活动四　空客 A320 乘务员控制面板

A320 飞机客舱乘务员控制面板分别位于前、后乘务员登舱门工作区城。它是乘务员对客舱进行调控的设备。客舱乘务员可以通过面板上的按键对客舱的娱乐系统、灯光系统、水系统以及应急灯等进行调控。

一、前乘务员控制面板

前乘务员控制面板 FAP（FORWARD ATTENDANT PANEL）是客舱的主控制面板，位于左前方乘务员座椅上方，主要包括音频、客舱灯光、门/滑梯、客舱温度（空调）、净水/废水。前乘务员控制面板如图 3-62 所示。

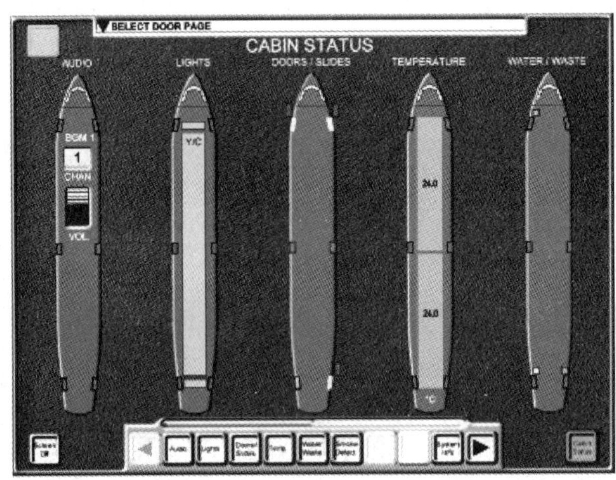

图 3-62　前乘务员控制面板

（一）音频

打开音频（AUDIO）页面后有登机音乐（在屏幕的左侧）、预录广播（在屏幕的右侧）以及客舱设置（位于预录广播菜单下面）；旅客登机、下机服务时打开登机音乐。音乐的声音以不影响两人交谈为宜。在 FAP 上的 AUDIO 页面如图 3-63 所示。

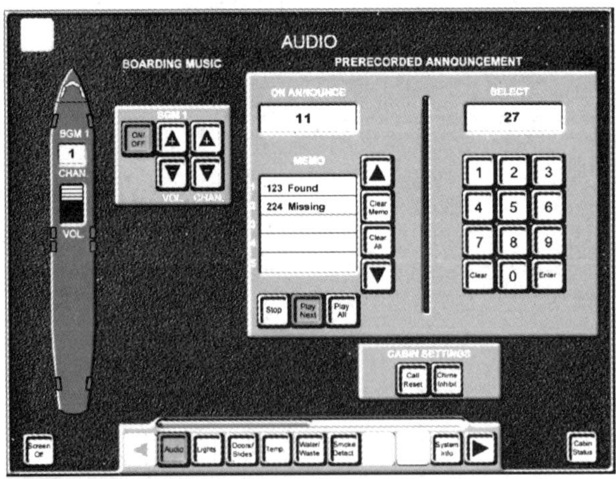

图 3-63　在 FAP 上的 AUDIO 页面

（二）客舱灯光

客舱灯光（CABIN LIGHTING）包括前登舱门入口灯控制按钮、客舱顶灯控制按钮、客舱窗灯控制按钮、乘务员工作灯控制按钮。灯光调节亮度从全亮（100%）至低亮（10%）。这些键上标示的文字表示相应的亮度，若一个键被选择，其背景将变成绿色。在登机、安全示范和下机时将灯光全部打开全亮（100%）；在起飞、下降时将灯光调至最暗（10%），以增加紧急情况下的能见度。

乘务员进行客舱服务时应调整客舱灯光（不超过50%亮度），以保证提供正常舒适的光亮度；在夜间航行时，晚餐或第二餐供应期间，使用较暗的灯光（50%）；在供餐前不要用强光唤醒旅客，可将灯光调至50%。

FAP上的CABIN LIGHTING页面如图3-64所示。

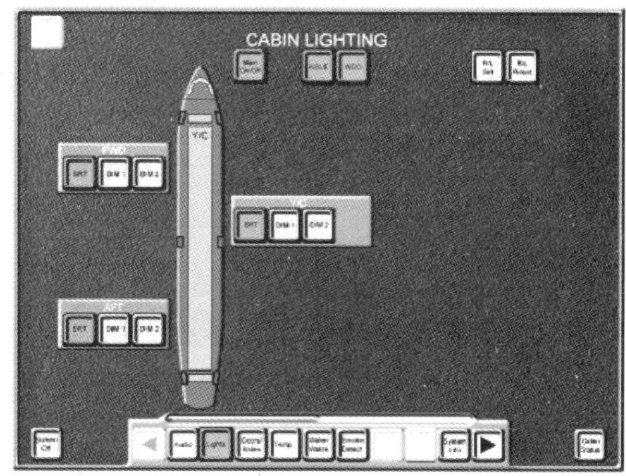

图3-64 FAP上的CABIN LIGHTING页面

（三）门/滑梯

客舱乘务员完成关舱门程序后，可在FAP上检查门和滑梯的状态：

(1) 所有启开的门以红色矩形显示在飞机标志外侧；

(2) 所有被解除滑梯待命系统的关闭的门以琥珀色矩形显示在飞机标志内侧；

(3) 所有滑梯已待命的关闭的门以绿色矩形显示在飞机标志内侧。

在FAP上的DOOR/SLIDES页面如图3-65所示。

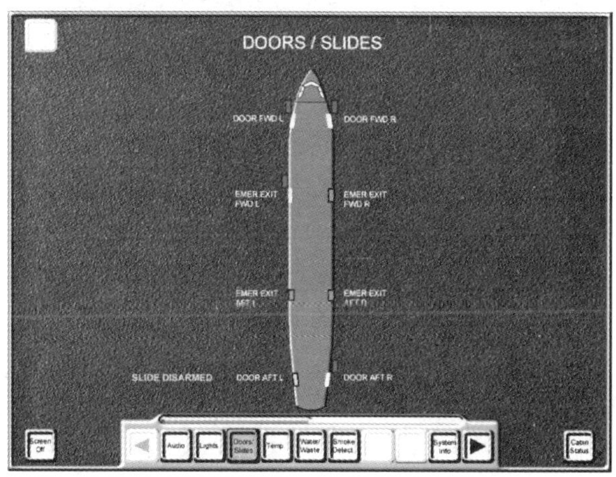

图3-65 在FAP上的DOOR/SLIDES页面

（四）客舱温度（空调）

客舱温度调节除在驾驶舱完成外，还可以在 FAP 上的 TEMPERATURE 页面完成。进入此页面后，触摸屏幕上的“＋”或“－”按钮，可增加或减少；通常客舱温度调节“＋0.5”或“－0.5”；要将客舱温度重置回驾驶舱选择的温度，触摸屏幕上的 RESET 重置按钮。在 FAP 上的 TEMPERATURE 页面如图 3－66 所示。

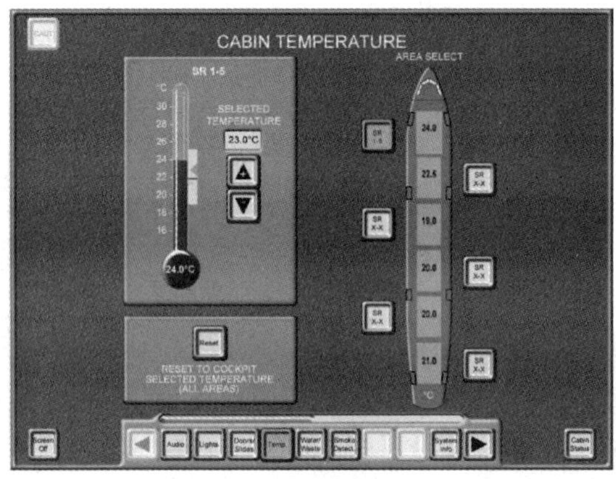

图 3－66　在 FAP 上的 TEMPERATURE 页面

（五）净水/废水

（1）净水水量显示器，显示飞机水箱中的水量多少，当水位到 1/4 时，则需要加水。

（2）废水水量显示器。包括“ CLEAN CHECK”键、污水水量显示表和“ PRESS TO TEST”键。按下“ CLEAN CHECK”键，可通过污水水量显示表来检查马桶的污水量。按下“ PRESS TO TEST”键的同时按下马桶冲水按钮，可疏通堵塞的马桶。在 FAP 上的 WATER/WASTE 页面如图 3－67 所示。

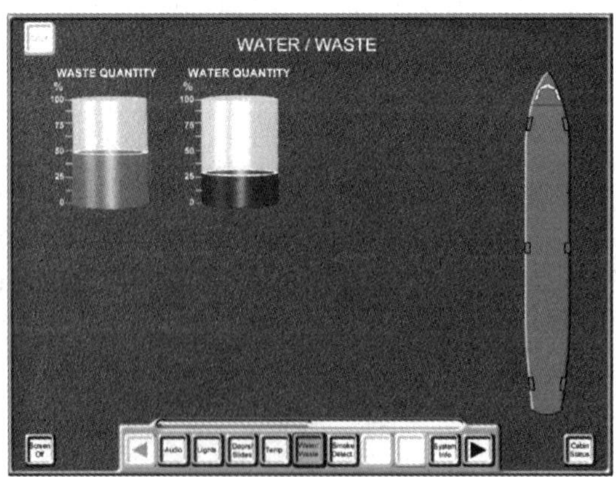

图 3－67　在 FAP 上的 WATER/WASTE 页面

二、后乘务员控制面板

后乘务员控制面板（ADDITIONAL ATTENDANT PANAL，AAP）位于左后旅客登舱门处，主要包括旅客区域的客舱灯光照明（CABIN/ DIM1/DIM2）、重置撤离信号（EVAC/RESET）、洗手间烟雾警告的指示和重置（SMOKE RESET）、入口和相关客舱的照明（ENTRY/DIM1/DIM2）。后乘务员控制面板如图 3－68 所示。

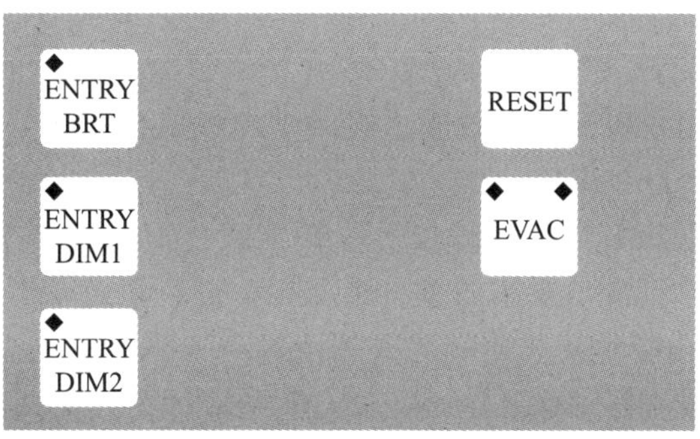

ENTRY	入口灯控制按钮，可控制后入口的灯光
BRT	最亮位
DIM1	50%亮度
DIM2	10%亮度

图 3－68 后乘务员控制面板

边学边练

以乘务组为单位，乘务员在模拟舱进行 FAP 操作。

操作 1：音频检查。

操作 2：灯光检查。

操作 3：门/滑梯状态。

操作 4：温度调节。

操作 5：净水/污水检查。

操作 6：检查无误后，报告乘务长。

任务四 餐食和机供品检查

任务描述

乘务组上飞机后除完成个人物品放置、紧急设备检查与使用、客舱设备检查与调试外，还要对餐食和机供品进行检查。通过本任务的学习，学生需要了解餐食和机供品的清点与交接工作。

活动一 餐食清点与交接

机上餐食包括旅客餐食和机组餐食，通常是航空公司食品部门统一烹制而成的，直接配送到航班上。旅客餐食在航程中由客舱乘务员放在餐车上分发给旅客；机组餐食根据机组人员的需要进行提供。

通常旅客餐食根据旅客订票的舱位等级在菜式、分量及成本等方面都有所不同。对航空食品公司提供的餐食，要按照餐食清单逐一进行清点，了解各餐食种类、数量及质量；了解有无特殊餐食及其数量与摆放位置；了解机供品的品种、数量及质量。报告乘务长，做好签收交接工作。

清点餐食话术：报告乘务长，前舱热食和餐盘各 8 份，后舱热食和餐盘/餐盒共 140 份，没有特殊餐食。

一、旅客餐食

抽查每辆餐车上、中、下餐盒或餐盘，确保餐食在有效期内、包装无破损、色泽鲜亮无异味、餐具齐全（刀叉湿巾纸）。在每个烤箱上、中、下部位随机抽取热食，确认无破损、无异味。确认特殊餐食到位。检查餐食数量，向带班乘务长报告。

（一）点心餐检查与清点

点心餐检查如图 3－69 所示，点心餐清点如图 3－70 所示。

图 3－69 点心餐检查

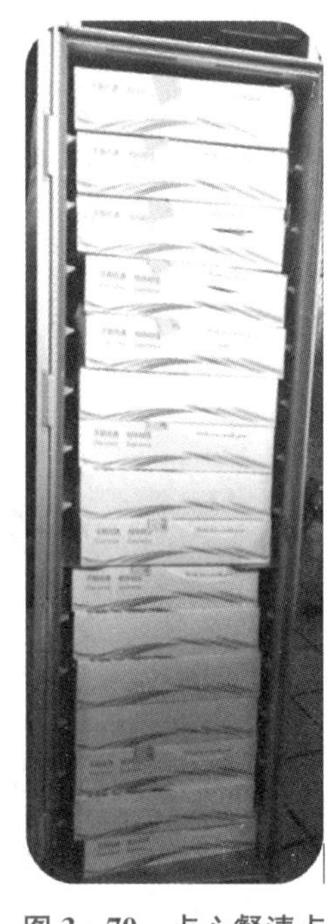

图 3－70 点心餐清点

（二）轻便餐检查与清点

轻便餐检查如图 3－71 所示，轻便餐清点如图 3－72 所示。

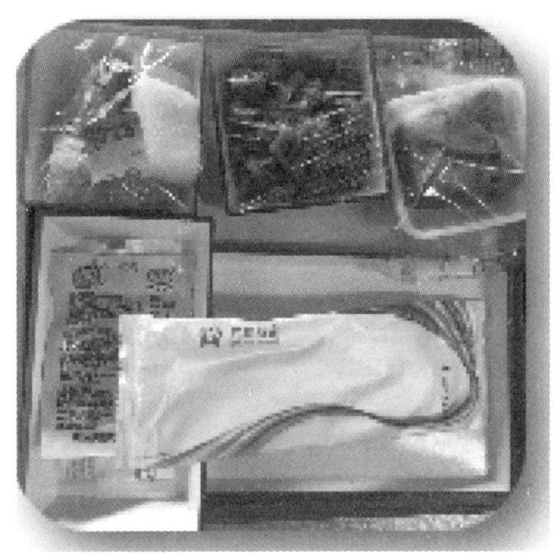

图 3－71 轻便餐检查

图 3－72 轻便餐清点

（三）正餐检查与清点

餐盘检查如图 3－73 所示，土豆烧牛肉热食检查如图 3－74 所示，鸡肉面条热食检查如图 3－75 所示，餐盘清点如图 3－76 所示，正餐热食清点如图 3－77 所示，面包清点如图 3－78 所示。

图 3－73　餐盘检查

图 3－74　土豆烧牛肉热食检查

图 3－75　鸡肉面条热食检查

图 3-76 餐盘清点

图 3-77 正餐热食清点

图 3-78 面包清点

二、机组餐食

乘务长根据机组人数，核对配备的机组餐食数量、质量、餐别。确认机长餐食。2号位乘务员确定机组用餐时间，保存好餐食。对未使用的餐食确认存放位，并做好交接。

三、餐食保存

飞机上没有冷藏设施时，餐食可在机上保存4小时。飞机上有冷藏设施时，可在机上保存12小时。如果航班延误，超过上述时间限制，应重新更换。如果餐食有异味或发生变质、变色等情况，可不受上述时间限制，随时更换。

四、餐食烘烤

乘务员根据航空食品公司提供的餐别掌握好餐食烤制的时间和温度。通常一般热食烘烤20分钟/中温180℃；素餐热食烘烤12～15分钟/中温180℃，置于烤箱底层；早餐热食、热点心烘烤15分钟 / 中温180°C；冬季冰冻餐食烘烤前先解冻5分钟/低温80°C；热食不能叠放烤制。乘务员应随时关注餐食烤制情况，确保餐食烤制后色泽鲜艳，注重色香味。

边学边练

以乘务组为单位，乘务员在模拟舱进行餐食清点及报告。

活动二　机供品清点与交接

机供品是指航班上为旅客、机组配备的物品，包括服务用品、饮料及食品、娱乐用品、清洁用品等。乘务员应根据航空食品公司提供的机上供应品，按照机供品清单逐一进行清点，了解各机供品的品种、数量、质量及摆放位置。报告乘务长，做好签收交接工作。清点完毕后由客舱3号乘务员向乘务长汇报。

一、饮料清点与摆放

饮料清点如图3－79所示，饮料车清点如图3－80所示，饮料摆放如图3－81所示。

图3－79　饮料清点

图 3-80　饮料车清点

图 3-81　饮料摆放

二、用品清点与摆放

（一）毛毯的清点与摆放

毛毯数量以当日所执行航班上的“清洁用品配备与回收单”中的数量为准。乘务员上飞机后应主动清点各舱位的毛毯数量。以空客 320 型飞机为例，通常头等舱 8 条毛毯，经济舱 40 条毛毯。毛毯摆放如图 3-82 所示。

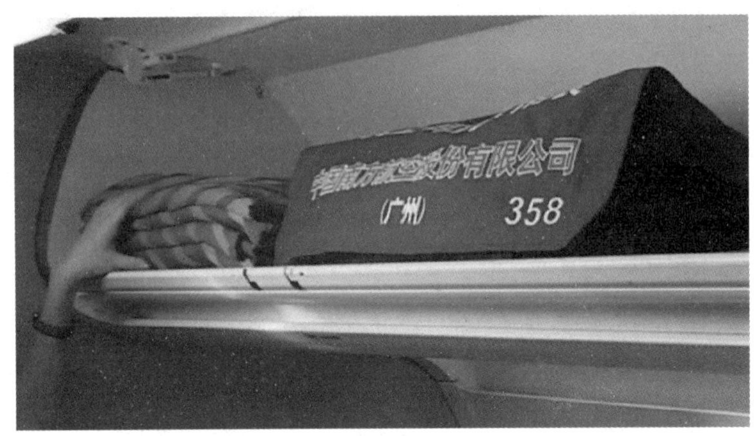

图 3-82 毛毯摆放

1. 操作标准

(1) 出港均为清洗并消毒过，带有塑料包装配上飞机。一般情况配发人员会按前、中、后舱平均分布摆放在行李架上。

(2) 第一段航班出港时，乘务员按照规定程序签收毛毯后，将处于包装状态的毛毯整齐地置于规定位置，不要将毛毯全部拆封。

(3) 为旅客提供毛毯服务时，须在旅客面前将毛毯拆封，并将毛毯外包装袋带回服务间置于垃圾箱内；尽量使用未拆封的毛毯进行服务。

(4) 已拆封的毛毯过站时要认真清理和叠放，对有污渍的毛毯则进行单独回收处理，禁止重新投入航班服务中。

2. 毛毯叠法

(1) 先将毛毯长边对折，手拿没有毛边一侧再对折，然后再对折，最后再由上至下对折即可。

(2) 乘务员在叠毛毯时应检查毛毯是否干净无污渍，为旅客提供的毛毯必须保证折叠整齐、美观。毛毯叠好后，毛边统一向里放在行李架内，以便清点。

(二) 毛毯盖法

为旅客提供毛毯时手臂成 90 度，将毛毯搭在一侧小臂上，另一只手自然抓住毛毯下部，盖毛毯时在通道处将毛毯打开，顺着旅客的腿部由下至上盖到腹部即可。

为旅客提供毛毯一次不可拿超过两条，毛毯盖到旅客腹部后由旅客自行调整，当为非靠通道座位旅客盖毛毯时，应考虑到对外侧旅客的打扰，做好解释工作。

(三) 打湿毛巾及折叠毛巾

打湿毛巾方法：将一打毛巾放入装有温水的毛巾桶里，让水将毛巾充分浸湿（为了使毛巾湿透，可以将毛巾从中间打开，让毛巾的中间部分也充分浸湿），再将多余的水分拧掉。

要求：拧过后的毛巾应湿度适中，尽量不要旋转拧毛巾，防止毛巾褶皱变形，根据实际使用数量打湿毛巾，不要一次全部湿完。

毛巾的叠法：将湿过的毛巾放平整，三次对折，摆放整齐美观即可。

(四) 报纸的清点和摆放 (发放)

报纸是由地面人员按照舱位等级配备到飞机上的。通常情况下头等舱的报纸有 5 种以上供选择，经济舱的报纸有 3 种以上供选择。把每种报纸分门别类整理好。根据所飞航班将一天需用的报纸分段整理。整理好后，将部分报纸放在报刊栏中供旅客取阅。

1. 发放种类

(1) 短航线发两种报纸，中文报纸和英文报纸。

(2) 中长航线发三种报纸，两种中文报纸和一种英文报纸。

(3) 国际航线报纸种类有《参考信息》、《环球时报》、地方报纸、《中国日报》、*INTERNATIONAL HERALD TRIBUNE*、*GOLF NEWS*；在折叠车上摆多种报纸，优先选择当地语言的报纸。

2. 经济舱报纸发放方法

(1) 宽体机报纸摆放。

旅客登机前将报纸整齐摆放在折叠车上，置于登舱门口的廊桥上，由旅客在登机时自由拿取。单层报刊栏的摆放标准：杂志，如无杂志摆放报纸。双层报刊栏的摆放标准：上层摆放杂志，如无杂志摆放外文报纸；下层摆放报纸（外文和可读性强的中文报纸），如上层摆放外文报纸，下层只摆放中文报纸即可。

宽体机报纸摆放如图 3-83 所示。

图 3-83 宽体机报纸摆放

(2) 窄体机报纸摆放。

旅客登机前将头等舱餐车拉出 1/3 并将报纸整齐摆放在餐车上（报纸摆放 1～2 种即可），置于 R1 门处，登机时由旅客自由拿取，乘务员可给予协助和提示。当确定头等舱没有旅客时，可将报纸整齐放于31排C座小桌板上由旅客自由拿取，乘务员可给予协助和提示。乘务员可以根据报纸配备情况，原则上在折叠车上摆放3种报纸（2种中文报纸和1种英文报纸），同时注意及时添加和补充，当报纸数量和种类配备较少时，乘务员可摆放2种报纸（中文报纸和英文报纸各1种），根据旅客取拿情况再行补充。如果因机型限制，前舱服务间没有餐车位，可将1/2车拉出放于面向机头的储物格旁，由旅客自由拿取，乘务员可给予协助和提示。

窄体机报纸摆放如图3-84至图3-89所示。

图3-84　窄体机报纸摆放一

图3-85　窄体机报纸摆放二

图 3-86 窄体机报纸摆放三

图 3-87 窄体机报纸摆放四

图 3-88 窄体机报纸摆放五

图 3-89 窄体机报纸摆放六

(3) 手发报纸。

1) 将报纸整齐呈扇形摆放在乘务员左手臂上（一次不得超过 5 种），刊头面向旅客露出，最下面放英文报纸做备份。要求做到整齐美观、种类齐全。

2) 出客舱要有停顿，给旅客反应的时间。步伐要慢，以免走过后旅客都没有反应或旅客需要乘务员返回来提供。

3) 注意跟旅客的眼神交流。

4) 建议语言：××报，哪位旅客需要阅读？哪位旅客需要阅读××杂志？

窄体机报纸发放如图 3－90 所示，窄体机杂志发放如图 3－91 所示。

图 3－90　窄体机报纸发放

图 3－91　窄体机杂志发放

(4) 经济舱高端常旅客报纸提供方式。

1) 为旅客提供当段所发的报纸和一瓶水。（服务规范的要求是考虑到绿色环保的要求，为常旅客提供当段提供的可读性较强的一种报纸，但实际工作中乘务员也会有提供两种报纸的情况，可以根据乘务长的要求进行灵活处置。）

2）根据信息网查询的高端旅客人数，提前准备好相应数量的报纸，直接插放在高端旅客前排座椅口袋里。

3. 头等舱报纸服务

由 2 号乘务员在航前准备时将头等舱旅客的报纸整齐摆放在旅客前方座椅口袋内，供旅客取阅。窄体机头等舱报纸摆放如图 3－92 所示。

图 3－92 窄体机头等舱报纸摆放

4. 整套报纸的叠法

一般是为头等舱准备的，当头等舱有需要的时候提供；或是作为备份，当旅客需要的时候可以及时提供。对折好所有种类的报纸，毛边冲里，圆边冲外整齐叠放，以其中一种报纸包住其他所有的报纸，分成套来单独交给头等舱乘务员。在后舱准备的时候可将折好的头等舱报纸放一起，整套报纸放一起，英文报纸放一起，以方便去前舱摆放。

三、用品检查

乘务员上机后，除完成紧急设备、服务设施等物品检查外，还要对机上的用品进行检查，如有问题，可以向机供品部门提出。

冰块夹如图 3－93 所示，冰桶如图 3－94 所示，饮料杯如图 3－95 所示，湿纸巾如图 3－96 所示，速溶咖啡如图 3－97 所示，托盘如图 3－98 所示，防滑纸如图 3－99 所示，咖啡壶/茶壶如图 3－100 所示，小吃如图3－101 所示，打开的小毛巾如图 3－102 所示，包装的小毛巾如图 3－103 所示，一袋杯子如图 3－104 所示。

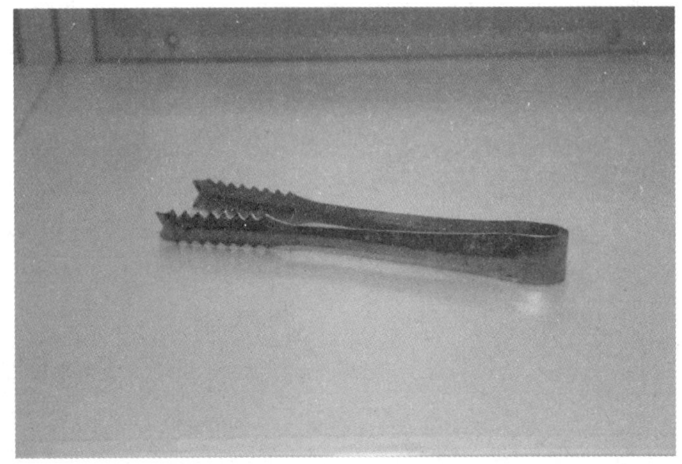

图 3-93　冰块夹

图 3-94　冰桶

图 3-95　饮料杯

图 3-96 湿纸巾

图 3-97 速溶咖啡

图 3-98 托盘

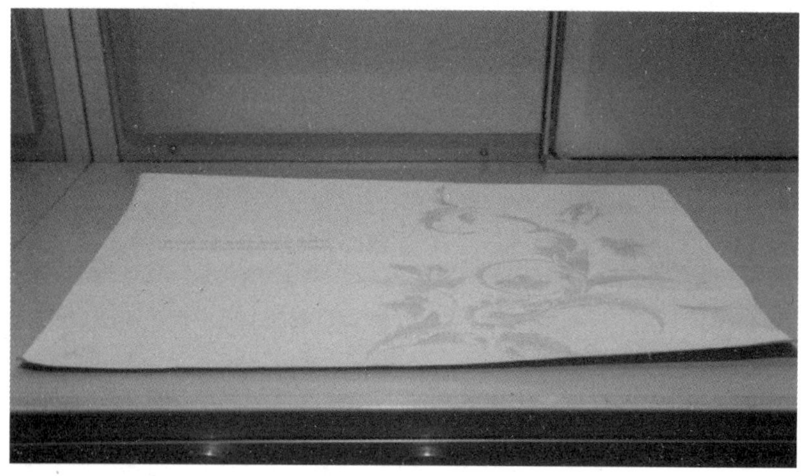

图 3－99　防滑纸

图 3－100　咖啡壶/茶壶

图 3－101　小吃

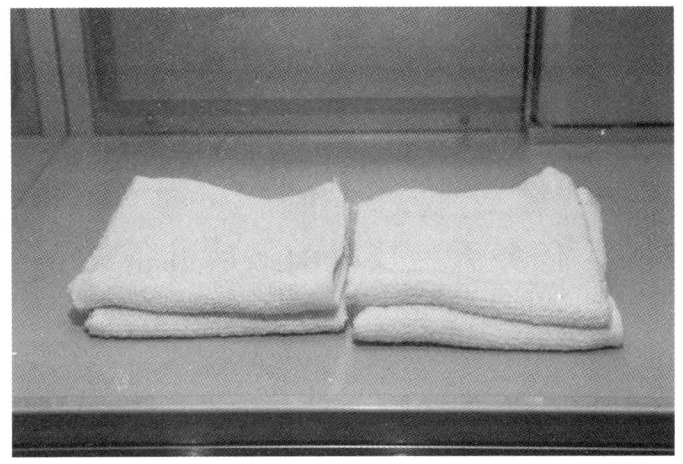

图 3-102　打开的小毛巾

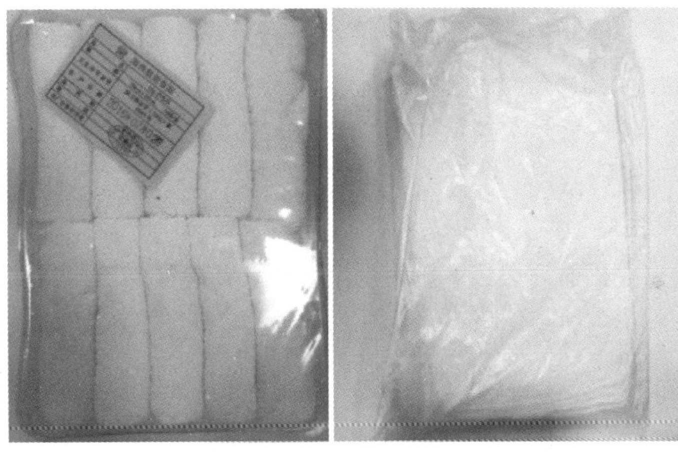

图 3-103　包装的小毛巾

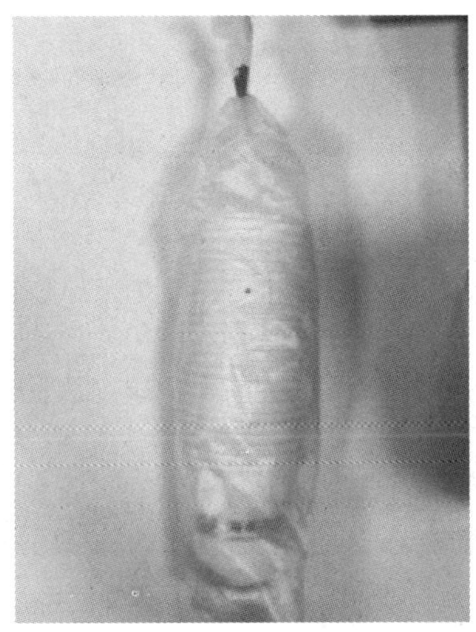

图 3-104　一袋杯子

边学边练

以乘务组为单位，乘务员在模拟舱进行机供品清点及报告。

任务五　登机前最后准备

 任务描述

乘务组上飞机后除完成上述准备工作外，需要在旅客登机前再次进行最后的准备工作。通过本任务的学习，学生应了解客舱、洗手间卫生检查和机组准备会的相关内容。

活动一　卫生检查

一、客舱卫生

乘务员在旅客登机前须摆放客舱内的杂志栏，并确认客舱内座椅、过道、前后厨房用品齐全，地板干净、整洁。

二、洗手间卫生

洗手间无异味、无积尘、无积水、无阻塞、无杂物、无锈迹、无水渍。清洁范围：镜面、水池、台面周围、马桶盖及周围、地面及周围凹槽。确认洗手间环境整洁，气味清新。洗手间卫生如图 3－105 所示。

图 3－105　洗手间卫生

乘务员按以上要求检查完成后，需报告给乘务长："前舱/后舱卫生良好。"

活动二 机组准备

一、参加机组准备会

当乘务组完成以上的准备工作后，乘务长召集大家开机组准备会，所有乘务组成员立即来到客舱的前部与机长一起开会。所有人要熟记机组准备会内容，包括空防预案、应急预案、航线信息、航路天气、滑行时间、备降场、进出驾驶舱要求等。通常在这个准备会期间，机长会提出一些关于此次航班应对的问题。

二、旅客登机前的最后准备

这个环节需要所有乘务员对客舱进行再次清舱并报告。由于旅客马上就要登机了，乘务员需再一次自查、互查仪容仪表，展现最佳的精神面貌，留给旅客美好的第一印象；乘务员需根据岗位分工站在指定的位置，迎接旅客；确认已获取刷新后的经济舱高端/金卡旅客姓名、座位、需求、偏好等信息。

边学边练

LZ5101 航班由上海飞往北京，乘务组上机后对餐食和机供品检查、核对后签字。根据上述情景，4～5 位学生组成一个乘务组，指定 1 名学生作为乘务长，其余学生为乘务员，在模拟舱进行旅客登机前餐食和机供品的准备。

操作 1：清点核对餐食种类、数量是否与"配餐单"相符，餐食是否新鲜、无损坏；报告乘务长："前舱/后舱热食和餐盘共上了 8/150 份，前舱/后舱有 1/2 份素食。"

操作 2：清点核对机供品种类、数量是否与"机上用品配备回收清单"相符，机供品是否无损坏；报告乘务长："前舱/后舱报纸、毛毯、耳机齐。"

操作 3：乘务长核实无误后签字确认。

合作实训

4～5 位同学一组，扮演乘务组成员，演示遇到如下问题时该如何应对和回复，其他同学扮演旅客观摩学习。

1. 乘务员清点机供品、餐食，需要注意哪些？

你的回复 A：______________________________

____

你的回复 B：______________________________

____

2. 乘务员检查应急设备，需要检查哪些？

你的回复 A：______________________________

____

你的回复B：________________

____

3. 乘务员检查服务设施，需要检查哪些？

你的回复A：________________

____

你的回复B：________________

____

你的回复C：________________

____

你的回复D：________________

项目总结

本项目共有五个任务，包括了乘务员直接准备阶段的客舱应急设备和服务设备的航前检查与操作方法。通过对本项目五个任务的学习，学生应能够熟练对客舱应急设备和服务设备进行航前检查，掌握其操作方法；能够熟练使用各种服务设备为旅客提供服务；遇到紧急情况时，能够使用各种应急设备保证旅客安全。

项目检测

一、单项选择题

1. （　　）是水上脱离飞机时使用的。

A. 防火衣　　B. 防烟面罩

C. 救生衣　　D. 氧气面罩

2. 水灭火瓶适用于（　　）火灾。

A. 纸、木、布　　B. 油脂、易燃液体

C. 电器　　D. 各类

3. 飞机上的（　　）适用于各种火灾。

A. 二氧化碳灭火瓶　　B. 水灭火瓶

C. 海伦灭火瓶　　D. 以上均正确

4. 座椅上方的旅客服务组件包括（　　）设备。

A. 阅读灯、呼唤铃、座椅排号识别

B. 扬声器

C. “禁止吸烟”及“系好安全带”标志灯

D. 以上均正确

5. 海伦灭火瓶灭火剂可释放的时间大约为（　　）。

A. 40 秒　　B. 15 秒

C. 20 秒　　D. 12 秒

二、判断题

1. 成人穿好救生衣后不能在客舱内部立即充气。（　　）
2. 海伦灭火瓶不能用于电器失火和油脂类失火。（　　）
3. 客舱释压时，乘务员要迅速使用最近的氧气面罩。（　　）

三、简答题

1. 旅客信息组件和服务组件包括什么？

2. 简述氧气瓶的使用方法和注意事项。

项目四 乘务员飞行实施阶段一

情境引入

有一架上海飞西安的航班在滑行过程中，32—33排C座上方的行李架突然打开，行李掉下砸在一位65岁的旅客身上。乘务员及时询问旅客身体状况，当时旅客表示没有不适的感觉。随后，旅客要求乘务员写一份在飞机上被砸的证明，乘务员满足了旅客的需求写下了证明材料。当乘务员向旅客提出写证明身体状况良好的材料时，被旅客以年纪大不想动笔为由拒绝。事后该旅客到医院检查，结果为颈椎挫伤，律师发函："因乘务员违反安全放置规则造成旅客被砸伤，特向航空公司提出索赔。"

项目目标

知识目标：

- 了解各自岗位职责；
- 了解安全演示的内容；
- 了解不适合安排在出口座位的旅客。

技能目标：

- 掌握迎、送客服务要点；
- 掌握安全演示的内容与方法；
- 能够按照标准迎接旅客登机；
- 能够对出口座位旅客做好评估；
- 能够按照流程为旅客提供安全演示、平飞后服务；
- 能够正确完成起飞、下降前五项安全检查。

素养目标：

- 培养积极进取、细致周到的职业素养；

➢ 培养创新意识、责任意识和服务意识；
➢ 培养应变能力、挫折承受力和自我调节能力。

任务一 旅客登机服务

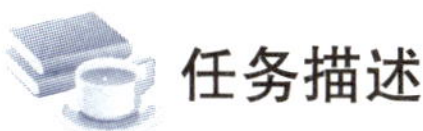

任务描述

良好的第一印象往往从登机服务开始，因此乘务员应该掌握旅客登机服务技能。通过本任务的学习，学生应了解旅客登机前的准备工作、迎客时的服务要点和服务话术。

活动一 登机前准备

一、登机广播词（欢迎词）

女士们、先生们：

欢迎您乘坐天合联盟成员上海旅专航空公司的航班（以学校名字为名称的航空公司），本次航班从__________飞往__________（经停__________）。

当您进入客舱后，请留意行李架边缘的座位号码，对号入座。您的手提物品可以放在行李架内或座椅下方，请保持过道及紧急出口通畅。

如果有需要帮助的旅客，我们很乐意协助您。谢谢您的配合！

Ladies and Gentlemen：

Welcome to SkyTeam members of Shanghai tour designed airlines flight (in the name of the university for the name of the airline) from __________ to __________ (via __________).

As you enter the cabin, please take your seat as soon as possible. Your seat number is indicated on the edge of the overhead bins. Please put your carry-on baggage in the overhead bin or under the seat in front of you. Keep aisles and emergency exits clear.

If you need any assistance, we are glad to help you. Thank you!

二、职业形象

客舱乘务员在迎客时，为了给旅客留下良好的第一印象，必须面带微笑，同时要有语言和目光沟通，热情问候每位接触到的旅客，仪容、仪表、着装、妆容符合职业要求。乘务员职业形象如图 4－1 所示。

图 4-1 乘务员职业形象

活动二 迎客服务要点

一、迎客位置

旅客登机时，乘务员应根据自己的岗位规定站在指定的位置，如舱门口、过道中。乘务长迎客时站在面对 L1 主登机门，背朝 R1 右一门面带微笑欢迎旅客。乘务员面向主登舱门，站在客舱的右侧，与登机门成 45 度，站立在头等舱的第一排，经济舱第一排、客舱的中部或紧急出口处及倒数第三排的位置迎客。乘务长迎客如图4-2所示，乘务长 R1 门迎客站位如图 4-3 所示，乘务员客舱内迎客如图 4-4、图 4-5 所示。

图 4-2 乘务长迎客

图 4-3　乘务长 R1 门迎客站位

图 4-4　乘务员客舱内迎客一

图 4-5　乘务员客舱内迎客二

二、首轮效应

旅客从乘务员的着装、仪容、仪表及微笑问候、言谈举止等可判断出乘务员的素质、航空公司的管理，从而获得乘机的初步感受，因此乘务员留给旅客的第一印象是非常重要的。

在迎客时，乘务员除了问候外，还应观察旅客，通过旅客的穿着打扮、言行举止判断其身份、地位、性格、国籍、身体状况等，从而提供针对性的服务。

三、迎客标准

（1）乘务员迎客时，身体或手肘不能靠在椅背上，必须在指定位置热情迎接旅客，面带微笑、主动问候旅客；

（2）应积极主动地帮助旅客尽快找到座位；

（3）及时疏导站在过道的旅客，不能指责旅客挡住了过道，要通过自己的语言技巧尽快疏通客舱通道；

（4）乘务员绝不能站在指定的位置上不动，只说“请对号入座”或“号码在行李架上，请对号入座”；

（5）指示座位时应五指并拢，手臂弯曲，指示远处时，可伸直手臂，不能用食指指点或翘兰花指；

（6）帮助老、弱、病、残、幼旅客入座并做个别简介；

（7）确认应急出口旁旅客资格；

（8）发现不符合客舱安全规定的行李物品，及时向乘务长报告；

（9）如时间允许，可对所有舱位的旅客提供报刊、枕头、毛毯服务。

边学边练

以上海至大连航班为例，乘务员正在客舱内迎接旅客登机。乘务员根据以下几种情况进行练习。

操作1：旅客带了大件行李，找不到地方放；

操作2：旅客带了易碎物品；

操作3：旅客不愿意坐应急出口；

操作4：旅客把大件行李放在应急出口。

活动三　迎客服务话术

一、迎客问候语言

旅客登机时，乘务员要面带微笑，主动上前迎接问候：“早上好！中午好！晚上好！您好！女士/先生，欢迎登机！欢迎您！”

二、引导旅客入座语言

乘务员应积极主动地帮助旅客尽快找到座位，如：“女士/先生，我可以看一下您的登机牌吗？您的座位在37排A座，这里是33排，您的座位是靠窗口的位置，请您跟我来！”或说：“下一位乘务员会帮助到您。”

对于无成人陪伴的小旅客登机：“小朋友，你好，欢迎你！你能一个人坐飞机，太厉害了！”“姐姐/哥哥带你找座位，证件先放在姐姐/哥哥这里保管，等你下飞机时，姐姐/哥哥会将证件交给接你的地面服务人员。”

对于残障旅客登机：“您好，欢迎登机！我可以帮助您吗？我来帮您拿行李，可以吗？”

对于航空公司金银卡会员：“×女士/先生，您好！您是我们的金卡/银卡会员，我是××，非常高兴能为您提供服务。”

边学边练

以上海至郑州航班为例，客舱乘务员在提供登机服务。乘务员根据以下几个情景进行引导入座。

操作1：首次乘机的旅客找不到座位；

操作2：无人陪伴的小旅客登机；

操作3：盲人旅客登机；

操作4：金银卡旅客引导入座后。

任务二　应急出口旅客确认

任务描述

应急出口旅客确认是乘务员对应急出口旅客做好评估的重要工作。通过本任务的学习，学生应了解应急出口职责、正常和非正常确认的语言话术，能够快速完成应急出口旅客评估。

一、应急出口的定义

应急出口指大型飞机为遇到应急情况疏散旅客所设置的专门出口。现代飞机要求在遇到紧急情况时，在极短的时间（一般不超过1分钟）把旅客全部撤离。因此除舱门外另外设置一些出口，平时不用，在紧急状态下迅速打开和舱门一起用于撤离旅客。

二、应急出口处乘务员职责

乘务员需在舱门关闭前，对坐在应急出口座位的旅客进行确认，向其介绍应急出口的使用方法及应急情况下的职责。应急出口如图 4－6 所示，应急出口旅客确认如图 4－7 所示。

图 4－6 应急出口

图 4－7 应急出口旅客确认

三、应急出口正常话术

“女士/先生，您好！您坐的是应急出口的座位，正常情况下，请您不要触碰红色手柄；在紧急情况下，您愿意成为我们的援助者打开这个应急出口吗?”旅客同意后，请旅客仔细阅读《出口座位须知卡》和《安全须知卡》，并告知旅客：“如有疑问，请及时与我们联系，谢谢！出口附近不能放任何行李。也请您不要随意调换座位。稍后，我们将播放安全演示的录像/做安全演示，请您认真观看，谢谢！”

四、应急出口非正常话术

“女士/先生，您好！我所说的内容，您是否完全理解？请问您愿意坐在这个位置吗？”如果旅客未给出肯定答复，需及时为旅客调换座位。乘务员事先与经济舱第一排的某一位旅客沟通后得到旅客的协助，方能告知需要调换座位的旅客。

“女士/先生，您好！经济舱第一排有个座位非常宽敞，方便您第一时间下飞机，您的行李在哪？我帮您拿！”得到旅客同意后，将旅客带到座位入座。

“稍后，我们将播放安全演示的录像/做安全演示，请您认真观看，谢谢！”

边学边练

以上海虹桥至广州航班为例，乘务员在对应急出口座位旅客进行确认时，发现旅客不适合坐在应急出口座位，如果旅客不愿意调座位，乘务员应该怎么做？

任务三 舱门操作

任务描述

通过本任务的学习，学生应了解客舱舱门、应急舱门的正常和非正常操作流程及口令，避免舱门操作失误，造成不必要的损失。

活动一 客舱舱门服务

空客A320型飞机属单通道中短程飞机，客舱分为头等舱、普通舱两部分。客舱设有两个登舱门、两个服务门及四个客舱应急出口门，两个登舱门和两个服务门分别位于飞机的左侧和右侧的前部和后部，均为塞式密封门，向上提起操纵手柄，然后向机头方向平移打开。四个客舱应急出口门分别位于机翼前后，仅用于应急撤离。（注：所有舱门在发生紧急情况时，都能成为应急出口。）

在正常情况下，面向飞机头左侧舱门为登舱门，供旅客、机组上下飞机使用；右侧舱门为服务门，供对接食品车、清洁车等车辆使用。在紧急情况下，舱门也可以作为应急出口使用。舱门预位（待命状态）如图4-8所示，舱门解除预位（非待命状态）如图4-9所示。

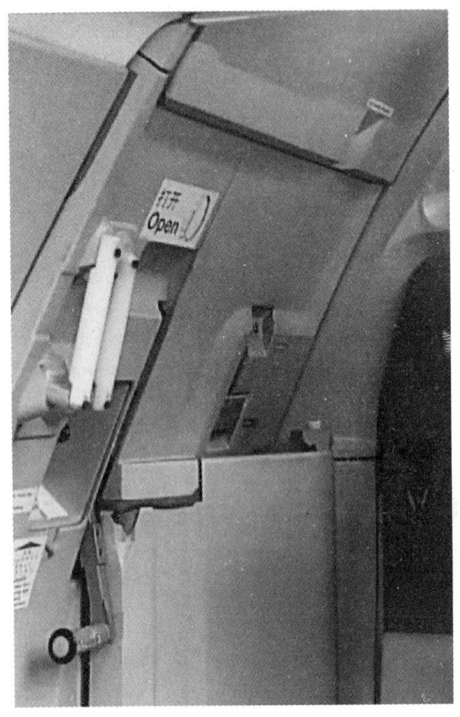

图 4-8　舱门预位（待命状态）

图 4-9　舱门解除预位（非待命状态）

一、舱门预位

关舱门后，乘务长通过 PA 下达“各舱门乘务员请到位，操作分离器预位”的指令，乘务员听到指令后，立即走到各自负责的舱门处按舱门预位检查单进行操作。乘务员应听清指令；用心操作，眼到、手到、心到；自查与互查；向乘务长汇报。

乘务长通过 PA 发布预位指令，拔出安全栓，将门上的手柄置于“预位（Armed）”位，将安全栓插到阵风锁旁边的小孔里，确认门下方点线合一。检查落实后逐一向乘务长报告。

二、舱门解除预位

飞机完全停稳，乘务长看到“系好安全带”指示灯已熄灭，登机廊桥靠好。乘务长通过 PA 下达“各舱门乘务员请到位，操作分离器解除预位”的指令，乘务员应听清指令；用心操作，眼到、手到、心到；自查与互查；向乘务长汇报。将手柄置于“解除预位（Disarmed）”位，拔出安全栓，插回原来的小孔里，确认门下方点线分离。舱门预位和解除预位如图 4-10 所示。

边学边练

LZ5331 航班由上海浦东飞往沈阳，旅客登机完毕后乘务组进行舱门的预位。14:48 飞机准时降落在沈阳桃仙机场，乘务员就位准备开启舱门。根据上述情景，请同学们分小组，每4～5位同学组成一个乘务组，指定1名同学作为乘务长，其余同学为乘务员，到模拟舱进行舱门操作。

一、舱门预位操作

操作1：乘务长发布“各舱门乘务员请到位，操作分离器预位”指令。

操作2：各乘务员按指令到门区进行舱门操作（先左后右）。

操作3：一人读单（2、4号位乘务员），一人操作（L1、L2），先左后右。

操作4：操作完成后，由2、3号位乘务员报告乘务长。

二、舱门解除预位操作

操作1：乘务长发布“各舱门乘务员请到位，操作分离器解除预位”指令。

操作2：各乘务员按指令到门区进行舱门操作（先左后右）。

操作3：一人读单（2、4号位乘务员），一人操作（L1、L2），先左后右。

操作4：操作完成后，由2、3号位乘务员报告乘务长。

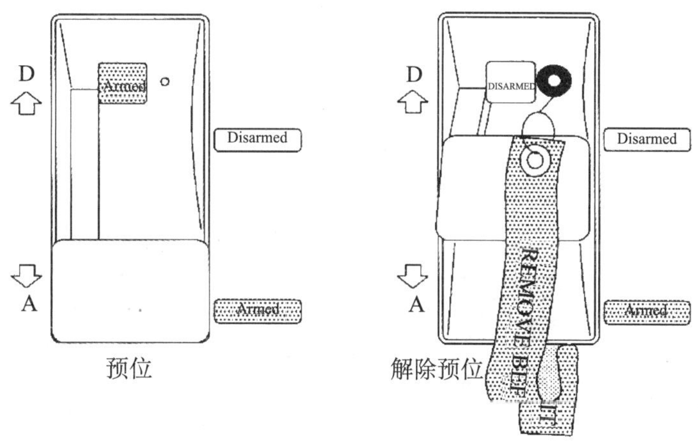

图4-10 舱门预位和解除预位

活动二 应急舱门服务

空客A320飞机机舱内有4个翼上应急出口，位于机翼两侧，每侧两个，每侧设有一个双通道滑梯。

一、紧急情况下打开应急舱门

紧急情况下打开应急舱门的操作步骤如下：

(1) 确认舱门在待命状态；

(2) 充分向上提起门把手后松开；

(3) 舱门气动开启；

(4) 充分拉出人工充气把手。

二、人工打开舱门（在气动开门失败的情况下）

人工打开舱门的操作步骤如下：

（1）一手抓紧门旁的辅助把手，一手充分提起门把手，推至开位；

（2）充分拉出人工充气把手（注：水上迫降撤离前，应先将救生包挂到救生筏的锁扣装置上）。

三、打开应急窗——使滑梯展开

打开应急窗的操作如下：

（1）拿下手柄盒盖（手柄灯、滑梯待命指示）；

（2）操纵手柄并向下拉应急窗；

（3）托住把手把应急窗从框上拿下；

（4）把应急窗扔到机外（机头方向）；

（5）滑梯自动充气，否则拉窗框内的人工充气把手。

应急舱门如图 4－11 所示。

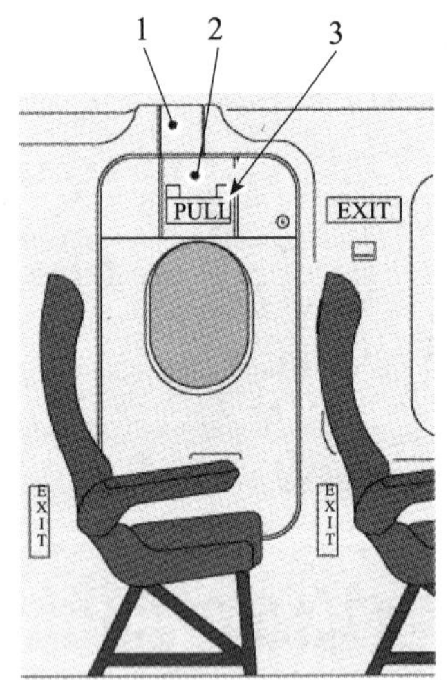

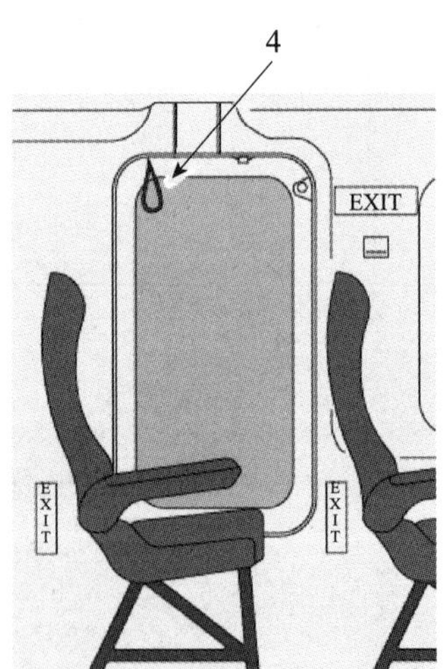

图 4－11　应急舱门

注意：翼上出口的滑梯始终处于预位的状态。

开门程序：

（1）打开手柄盖板；

（2）滑梯预位指示灯亮；

（3）拉下开门手柄，将门向里拉；

（4）将门扔出去；

（5）拉动门上方的人工充气手柄。

应急舱门开门程序如图 4－12 所示。

–拿下手柄盖①、手柄灯②，滑梯预位指示灯③亮起
–拉下操纵手柄④，出口门向里拉
–抓住把手将出口门拿出⑤
–把出口门扔到机外⑥

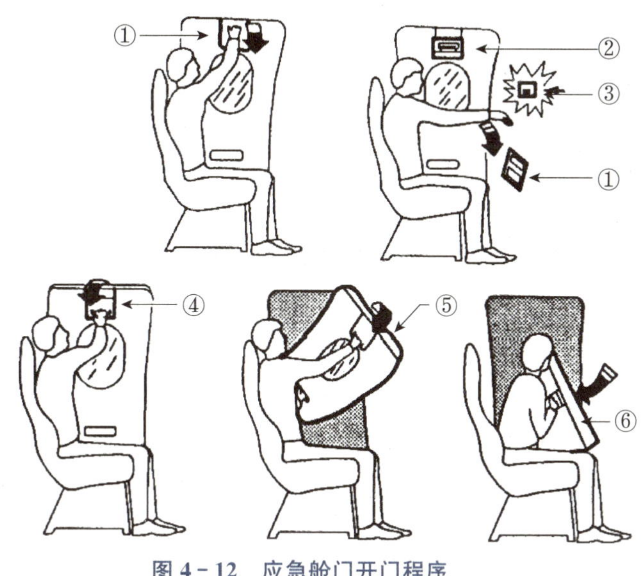

图 4－12 应急舱门开门程序

任务四 会员致礼服务

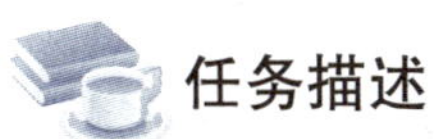

任务描述

会员致礼服务是航空公司为了吸纳客源，将经常乘坐某航空公司的旅客入会后进行服务升级的一种服务。乘务员应该了解金银卡和重要旅客的服务要求和服务话术。通过本任务的学习，学生应能够熟练运用规范的语言，掌握会员致礼服务。

活动一 金银卡旅客服务

一、了解金银卡信息

乘务长根据 PIL 旅客信息名单了解金银卡旅客姓氏、座位号信息。乘务员为金银卡旅客提供第一次服务时，需提供姓氏尊称服务，并做自我介绍。称呼旅客姓氏时，注意声音不要过大，语言要有亲和力。为金银卡旅客提供优先选餐服务时要做好记录。

金银卡旅客问候如图 4－13 所示。

图 4－13　金银卡旅客问候

二、服务要求

（1）报纸、瓶装水航前插发至座椅口袋中。地面阶段由负责该区域的乘务员手持毛毯与金银卡旅客进行沟通，确认旅客位置，并询问是否需要毛毯，如旅客不需要，则无须提供。

（2）乘务长与金银卡旅客沟通交流职责。乘务长需第一时间向金银卡旅客做自我介绍，航程中与金银卡旅客至少进行一次交流互动，内容不局限于自我介绍，可以涉及餐食口感、乘机感受、服务品质、工作改进建议等各个方面。

（3）金银卡旅客就坐在经济舱时，除享受上述服务外，乘务员需向金银卡旅客提供提前点餐服务，餐食发放与其他旅客一同提供，无须提前发放。

三、服务语言

“××女士/先生，您好！您是我们的金卡/银卡会员，我是乘务员××，非常高兴能为您提供服务。”

“××女士/先生，我帮您把行李放好，谢谢您！”

“××女士/先生，我们今天为您准备了果汁、碳酸饮料、茶水和咖啡，请问您需要哪一种？”

“××女士/先生，我们今天为您准备了鸡肉米饭和牛肉面条，请问您选择哪一种？”

“××女士/先生，我们的飞机预计在北京时间××××抵达上海虹桥机场，由于温差较大，请您提前做好准备。”

边学边练

以上海浦东至鄂尔多斯航班为例，乘务员在对 33A 金卡旅客进行致礼时，应该如何服务？

活动二 要客旅客服务

要客旅客是指非常重要的旅客，业内人称 VIP，还有异常重要的 VVIP。要客的身份大部分是省、部级（副职）以上官员，军队在职正军职少将及以上军官，公使、大使级别外交官、两院院士、影视明星等。而要客服务就是为这些政要、公众人物等提供的贵宾服务。

一、服务对象

根据 PIL 旅客名单，乘务员需要对要客进行姓氏尊称服务并进行自我介绍。服务时，注意声音不要过大，语言要有亲和力。要客问候如图 4－14 所示。

图 4－14 要客问候

二、服务要求

要客就座于头等舱、随行人员就座于经济舱时，随行人员享受经济舱服务，不优先于经济舱普通旅客，但乘务员需随时关注随行人员的需求，了解随行人员行李的摆放位置，保持与随行人员的沟通，及时了解要客的喜好及在本次航班中的要求，以便针对要客的需求提供相应的服务。下机阶段，前舱乘务员应选择合适的时机将就座于经济舱的随行人员请至头等舱，以协助要客下机，但不得影响滑梯和舱门操作。

要客与随行人员均就座于经济舱时，要客及随行人员均享受经济舱服务，但应优先于经济舱普通旅客。对于就座于要客附近的随行人员，服务标准应与要客保持一致。乘务员在为要客及其随行人员提供服务时，需关注其周围普通旅客的感受，当周围的旅客提出相同的需求时，乘务员也需及时满足。

三、服务语言

“××女士/先生，您好！您是我们重要的客人，我是乘务员××，非常高兴能为您提供服务。”

“××女士/先生，这是我们为您准备的拖鞋，麻烦您更换一下。”

“××女士/先生，这是我们为您准备的报刊、毛毯、枕头……”

“××女士/先生，我们今天为您准备了果汁、碳酸饮料、茶水和咖啡，请问您需要哪一种？”

“××女士/先生，我们今天为您准备了鸡肉米饭和牛肉面条，请问您选择哪一种？”

边学边练

上海虹桥至北京的航班上有一位要客旅客，乘务员需对要客旅客进行哪些服务才能让旅客感受到宾至如归。

任务五　舱门关闭及鞠躬服务

任务描述

乘务员完成关闭舱门、电子设备检查后，需站在指定的位置上对搭乘航班的旅客进行鞠躬服务。在客舱中，乘务组组员精神抖擞、面带微笑地向旅客鞠躬致意已成为飞行中的一道亮丽风景线。通过本任务的学习，学生应掌握电子设备检查及鞠躬致礼的具体工作内容，能运用规范的语言进行客舱服务。

活动一　电子设备检查

一、关舱门

旅客登机完毕后，乘务长需与地面人员核对旅客人数，与舱单相符后报告机长。具体内容包括：确认机组齐、旅客齐、文件齐（舱单和货单）；确认客舱内无外来人员、物品，无大件行李；应急出口旅客已确认；请示机长，得到机长同意后方可关舱门。

二、关机门广播

女士们、先生们：

飞机客舱门已关闭，为了确保飞行安全，现在请您关闭手机以及所有电子设备的电源。飞行途中，您的手机电源，包括带有飞行模式功能的手机，都应始终保持在关闭状态，直到飞机抵达目的地后舱门打开为止。在飞机起飞和下降过程中，请不要使用任何电子设备。同时，飞行全程中，不得使用锂电池移动电源给电子设备充电，并确保锂电池移动电源始终处于关闭状态。谢谢！

Ladies and Gentlemen:

The cabin door is close. For safety reason, mobile phones, even in flight mode, are not permitted to be used during the whole flight. And no electronic device is permitted to be used during take off and landing. Meanwhile, potable lithium battery shall not be used during the whole flight, either. Please ensure the potable lithium battery power supply is always closed. Thank you!

活动二 鞠躬致礼

一、鞠躬致礼广播

尊敬的女士们、先生们：

欢迎您乘坐天合联盟成员上海旅专航空公司航班，本次航班的机长及全体机组成员向您致以最诚挚的问候，我们的团队将精诚合作，为您带来轻松愉快的旅途。

Ladies and Gentlemen:

Welcome to Sky Team members of Shanghai tour designed airlines flight. The captain of this flight and all the members of the crew extend their best regards to you. Our team will cooperate with you. Bring you a relaxing trip. Thank you!

二、鞠躬致礼位置

客舱乘务员根据机型和岗位职责要求站在指定的位置上对搭乘本次航班的旅客表示感谢并致礼。头等舱乘务员应站在头等舱第一排，与头等舱隔帘对齐，经济舱乘务员应站在经济舱第一排、紧急出口第一排，与经济舱隔帘、紧急出口第一排座椅对齐，面带微笑地向旅客进行30°的鞠躬示意。

边学边练

每4～5人为一个乘务组，指定1名学生作为乘务长，其余学生为乘务员，在模拟舱进行练习。

操作1：乘务员电子设备检查。

操作2：各号位乘务员鞠躬致礼。

操作3：乘务长进行客舱广播。

任务六　乘务员安全演示

任务描述

乘务员完成舱门关闭及鞠躬服务后，需站在指定的位置上对搭乘航班的旅客进行安全演示。通过本任务的学习，学生应掌握有录像的机型演示、人工安全演示的标准动作，指导旅客在紧急情况下正确使用安全演示设备，以便更好地逃生。

活动一　有录像的机型演示

一、安全演示录像广播词

女士们，先生们：

现在我们将为您播放安全演示录像，请您留心观看。如有疑问，请随时与客舱乘务员联系。谢谢！

Ladies and Gentlemen：

May we please have your attention for the safety demonstration? If you have any questions after the safety video，please contact the flight attentions. Thank you!

二、出口指示位置

客舱乘务员在进行出口指示时，需根据机型和岗位职责要求，按照航空公司手册的要求站好，具体如下（以空客 A320 机型为例）：

头等舱乘务员的出口指示位置应站在头等舱第一排，与头等舱隔帘对齐。

经济舱乘务员的出口指示位置应站在经济舱第一排、紧急出口第一排，与经济舱隔帘、紧急出口第一排座椅对齐。

三、安全演示录像注意事项

通常在飞机客舱门关闭及操作分离器预位后，乘务员立即对旅客进行致礼，并将客舱灯光调暗，播放《安全须知》，顶灯和窗灯都调至 DIM2。乘务员应通过预录的安全演示视频对旅客进行视频安全简介，当视频播放到“在紧急情况下，客舱内所有的红色出口指示灯和白色通道指示灯会自动亮起，指引您从最近的出口撤离”这句话时，乘务员立即进入客舱，站在指定的位置面对旅客做好准备，并对客舱出口进行整齐划一的动作示范。示范顺序一般是前、中、后出口，紧急出口指示，出口指示灯和通道指示灯。

活动二 无录像的机型演示

一、安全演示广播词

尊敬的女士们、先生们：

现在客舱乘务员将为您介绍机上紧急设备的使用方法和紧急出口的位置。

Ladies and Gentlemen:

We will take a moment to explain how to use the emergency equipment and locate the exits.

救生衣在您座椅下面的口袋里，仅供水上迫降时使用。在正常情况下请不要取出。

Your life vest is located under/ (above) your seat. It may only be used in case of a water landing. Please do not remove it unless instructed by one of your flight attendants.

使用时取出，经头部穿好。将带子由后向前扣好系紧。

To put your vest on, simply slip it over your head. Then fasten the buckles and pull the straps tight around your waist.

当您离开飞机时，拉动救生衣两侧的红色充气手柄，但在客舱内请不要充气。充气不足时，请将救生衣上部的两个充气管拉出，用嘴向里吹气。

Upon exiting the aircraft, pull the tabs down firmly to inflate your vest. Please do not inflate your vest while inside the cabin. For further inflation, simply blow into the mouth pieces in either side of your vest.

夜间迫降时，救生衣上的指示灯遇水会自动发亮。

For water landing at night, a sea—light will be illuminated.

氧气面罩储藏在您座椅上方。当发生紧急情况时，面罩会自动脱落。

Your oxygen mask is above your head. It will drop down automatically when oxygen is needed.

氧气面罩脱落后，请您用力向下拉面罩。将面罩罩在口鼻处，把带子套在头上进行正常呼吸。在帮助别人之前，请自己先戴好。

When it does so, pull the mask firmly towards you to start the flow of oxygen. Place the mask over your nose and mouth and slip the elastic band over your head. Please put your own mask on before helping others.

在您座椅上有两条可以对扣的安全带。当“系好安全带”灯亮时，请系好安全带。解开时，将锁扣打开，拉出连接片。

When the fasten seat belt sign is illuminated, please fasten your seat belt. To fasten your seat belt, simply place the metal tip into the buckle and tighten the strap. To release, just lift up the top of the buckle.

本架飞机共有8个紧急出口，分别位于客舱的前部、中部和后部。

There are eight emergency exits on this aircraft. They are located in the front, the middle, and the rear of the cabin respectively. Please note your nearest exit.

在紧急情况下，客舱内所有的红色出口指示灯和白色通道指示灯会自动亮起，指引您从最近的出口撤离。

In case of an emergency, Track lighting will illuminate to lead you to an exit. White lights lead to red lights which indicate the nearest exit.

在您座椅前方的口袋里备有《安全须知》，请您尽早阅读。

For additional information, please review the safety instruction card in the seat pocket.

谢谢您的留意！

Now, please sit back and enjoy your flight. Thank you!

二、安全演示规范

具体操作如下：

操作 1：安全演示示范前要做好准备工作，检查表演用具是否完好、干净。

操作 2：演示用具按规定摆放在演示包上。

操作 3：乘务员站位正确，站姿端正，面带微笑。

操作 4：演示时，动作规范、标准，指示正确、清楚，注意视线需与动作保持一致；配合好广播，注意该停顿的地方要停顿，以便旅客看清楚。

操作 5：演示后在服务台脱救生衣，各种用具叠好、归位，按规定位置放好演示包。

三、安全演示的内容

乘务员应该在关舱门广播电子设备检查快要结束时，站到指定的位置面向旅客做好准备，根据安全设备示范广播词的内容进行整齐划一的动作示范。安全演示顺序一般是救生衣、氧气面罩、安全带、应急出口和紧急灯指示、《安全须知》。

（一）救生衣演示

（1）乘务长广播“女士们、先生们：现在客舱乘务员向您介绍救生衣、氧气面罩、安全带的使用方法和紧急出口的位置”后，乘务员上身前倾，左手从旅客小桌板上拿起救生衣，与胸部平行。

（2）乘务长广播“救生衣在您座椅下面的口袋里，仅供水上迫降时使用。在正常情况下请不要取出。使用时取出，经头部穿好。将带子由后向前扣好系紧”后，乘务员用左手将救生衣伸出展示，开始穿救生衣，手指向下手心向外拉紧带子，并对救生衣进行适当整理。

（3）乘务长广播“当您离开飞机时，拉动救生衣两侧的红色充气手柄，但在客舱内请不要充气”后，乘务员掌心向外，手指向上伸直，虎口处握住充气拉环向下拉两次，动作完成后双手自然下垂。

（4）乘务长广播“充气不足时，请将救生衣上部的两个充气管拉出，用嘴向里充气”后，乘务员双臂自然上举，双手取出人工充气管，然后先左后右做吹气动作（机头方向）。

乘务员安全演示准备如图 4－15 所示，乘务员救生衣演示如图 4－16 所示。

图 4－15　乘务员安全演示准备

图 4－16　乘务员救生衣演示

（二）氧气面罩演示

(1) 乘务员先用右手拿氧气面罩，然后将氧气面罩输氧管卷好握紧，最后双手自然下垂至身体两侧（广播前准备工作）。

(2) 乘务长广播“氧气面罩储藏在您座椅上方，发生紧急情况时，面罩会自动脱落”后，乘务员举起面罩放到右侧行李箱底边处。

(3) 乘务长广播“氧气面罩脱落后，请用力向下拉面罩。将面罩罩在口鼻处，把带子套在头上进行正常呼吸”后，乘务员右手夹住氧气管让面罩自动脱落约 10cm，左手轻拉两下，手停留在面罩处，然后将面罩罩在口鼻处；右手手背向上将带子套在头上并露出脸。

乘务员氧气面罩演示如图 4－17 所示。

图 4－17　乘务员氧气面罩演示

（三）安全带演示

（1）乘务员双手均四指并拢，大拇指张开，左手拿住插片，右手拿住锁扣，两臂自然下垂。

（2）乘务长广播“在您座椅上有两条可以对扣的安全带”后，乘务员双手手心朝上托起安全带，与肩同宽。

（3）乘务长广播“当‘系好安全带’灯亮时，请系好安全带”后，乘务员将安全带对插、扣好，然后手指向下，四指并拢，将扣好的安全带向两侧拉伸，与肩同宽，向旅客展示安全带。

乘务员安全带演示如图 4－18 所示。

图 4－18　乘务员安全带演示

（四）应急出口和紧急灯指示

图 4-19 乘务员应急出口指示

(1) 乘务长广播："本架飞机共有八个紧急出口，分别位于客舱的前部、中部和后部。"

乘务员指向客舱前部时，双手向后举，指向后部，双臂抬起夹紧，五指并拢，掌心相对，指尖指向机头方向。然后收回，双手轻握拳从耳际方向伸出，指尖伸直再次指向机头。

乘务员指向客舱中部时，从上个动作开始，双手向前举，前臂稍向外，手心向前打开，手指并拢。

乘务员指向客舱后部时，双手向前举，手臂伸直，指向前方（双臂向前伸直与肩同宽，五指并拢，指尖指向机尾方向）。然后收回，双手轻握拳从耳际方向伸出，指尖伸直再次指向机尾。乘务员应急出口指示如图 4-19 所示。

(2) 在乘务长广播"在紧急情况下，客舱内所有的红色出口指示灯和白色通道指示灯会自动亮起，指引您从最近的出口撤离"后，乘务员右手上举，手心向左，指向紧急灯处，视线同时到位；右腿向前跨半步，两腿稍蹲，右手从前到后滑动，指向座椅过道灯处，视线同时到位，然后退回。

乘务员应急出口指示如图 4-20 所示。

图 4-20 乘务员应急出口指示

（五）《安全须知》演示

(1) 在乘务长广播"在您座椅前方的口袋里备有《安全须知》，请您尽早阅读"后，乘务员左手四指并拢轻捏《安全须知》的左上角，右手四指并拢轻捏《安全须知》

的右下角，双臂向前45°伸直，放在演示者胸前方的位置。

(2) 在乘务长广播“谢谢您的留意”时，双手将《安全须知》卡放于身前鞠躬30°致谢。

乘务员《安全须知》演示如图4-21所示。

图4-21 乘务员《安全须知》演示

救生衣演示见表4-1，氧气面罩演示见表4-2，安全带演示见表4-3，应急出口指示见表4-4，紧急灯指示见表4-5，《安全须知》演示见表4-6。

表4-1 救生衣演示

中文广播词	广播中文时的动作	英文广播词	广播英文时的动作
①现在由客舱乘务员……位置	保持标准站姿	①Equipment	表演者左手拿起救生衣
②救生衣在您座椅下面的口袋里（座椅上方）	左手拿着救生衣，略向左手前方伸出，同时弯腰15度，右手先右后左指示	②Located (under/above) your seat	动作同左
③使用时取出，经头部穿好	将救生衣双手举起展示，套于颈部	③To put your vest on	双手平放在救生衣肩部下方
④将带子从后向前扣好系紧	将带子绕腰部扣到扣锁中，做收紧动作，多余部分，别于带子上	④Then fasten the buckles and pull the straps...	双手扶带子向前做扣的动作，然后向后滑动
⑤拉动救生衣两侧的红色充气手柄	双手虎口夹住充气阀门连系绳，掌心向外用力向前平推	⑤ Pull the tabs down firmly...	动作同左

续表

中文广播词	广播中文时的动作	英文广播词	广播英文时的动作
⑥请将救生衣上部的两个充气管拉出，用嘴向里充气	双手拉出人工充气管（手拿充气管底部），先右后左用嘴向内吹气	⑥ For further inflation, simply blow into...	动作同左
⑦夜间迫降时，……会自动发亮	左手反手，大拇指和食指卡住灯左侧的布，先右后左展示	⑦A sea-light will be illuminated	动作同左

表 4-2 氧气面罩演示

中文广播词	广播中文时的动作	英文广播词	广播英文时的动作
①氧气面罩储藏在您座椅上方	右手从地上拿起面罩，面罩口朝下，举至右侧行李架下方，身体向右转 45 度，左手指向右手中的面罩	① Your oxygen mask is above your head	保持动作
②面罩会自动脱落	右手仍握住软管将面罩垂落一小段	②It will drop down automatically...	动作同左
③用力向下拉面罩	左手用力拉一下面罩	③Pull the mask firmly	动作同左
④将面罩罩在口鼻处，将带子套在头上进行正常呼吸	换手，左手将面罩置于口鼻前方，用右手拇指和并拢的四指将带子撑开，置于头上部	④Place the mask over ... and slip the elastic band over your head	动作同左
⑤在帮助别人之前，请自己先戴好	身体不动，左手将面罩置于口鼻前方，用右手拇指和并拢的四指将带子置于头上部	⑤ Please put your own mask on before helping others	动作同左

表 4-3 安全带演示

中文广播词	广播中文时的动作	英文广播词	广播英文时的动作
①在您座椅上有两条可以对扣的安全带	右手虎口夹住扣锁方，左手虎口夹住钢片方，将安全带举在胸前方，展开	① When the fasten Seat Belt sign is illuminated	动作同左
②请系好安全带	双手反手，将左手处钢片插入右手扣锁中；再转正手，右手夹住扣锁，左手向左滑动夹住安全带	②Place the metal tip into the buckle and tighten the stap	动作同左
③解开时，将锁扣打开，拉出连接片	左手四指并拢顶开安全带扣锁；再将安全带举在胸前方，展开	③ To release, ... lift up the top of the buckle	动作同左

表 4-4 应急出口指示

中文广播词	广播中文时的动作	英文广播词	广播英文时的动作
分别位于客舱的前部	双手向后举，指向后部	In the front	动作同左
中部	双手向前举，前臂稍向外，手心向前打开，手指并拢	The middle	动作同左
和后部。	双手向前举，手臂伸直，指向前方	The rear	动作同左

表 4-5 紧急灯指示

中文广播词	广播中文时的动作	英文广播词	广播英文时的动作
红色出口指示灯	右手上举，手心向左，指向紧急灯处，视线同时到位	Red lights	动作同左
和白色通道指示灯	右腿向前跨半步，两腿稍蹲，右手从前到后滑动，指向座椅过道灯处，视线同时到位	White lights	动作同左

表 4-6 《安全须知》演示

中文广播词	广播中文时的动作	英文广播词	广播英文时的动作
在您座椅前方的口袋里备有《安全须知》	左手四指并拢轻捏《安全须知》的左下角，右手四指并拢轻捏《安全须知》的右上角，双臂向前 45°伸直	For additional information...	动作同左
请您尽早阅读	手拿《安全须知》先右后左转体 30 度展示	In the seat pocket	动作同左

四、安全演示位置

客舱乘务员在进行安全演示表演时，需根据机型和岗位职责要求，按照航空公司手册的要求站好，具体如下（以空客 A320 机型为例）：

头等舱乘务员安全演示时应站在头等舱第一排，与头等舱隔帘对齐；

经济舱乘务员安全演示时应站在经济舱第一排、紧急出口第一排，与经济舱隔帘、紧急出口第一排座椅对齐。

五、安全演示注意事项

（1）飞机客舱门关闭及操作分离器预位后，立即进行致礼和安全演示表演。

（2）调暗客舱灯光，顶灯和窗灯都调至 DIM2。

（3）进行人工安全演示时，乘务员的动作需清晰整齐。

（4）进行人工安全演示时可使用预录广播。没有预录广播时，乘务长需语速适中，与客舱中演示的乘务员配合。

（5）需做人工安全演示的航班无须再重复做出口介绍，安全演示内容已包括出口介绍。安全演示前，由 2 号乘务员将需用的安全演示用品整齐地放在服务间台面上。《安全须知》应使用平整洁净的。

（6）演示乘务员站位及时，动作准确、整齐。如在安全演示期间，有旅客起身站立，或未关注安全演示，乘务员应给予提示。

（7）禁止将安全演示所用的安全带、氧气面罩和《安全须知》等物品散乱存放在紧急设备专用行李架内。

边学边练

每 4～5 人为一个乘务组，指定 1 名学生作为乘务长，其余学生为乘务员，在模拟舱进行安全演示的演练。

任务七　起飞、下降前和落地后工作

任务描述

乘务员必须了解飞机起飞、下降前和落地后的工作任务。通过本任务的学习，学生应掌握飞机起飞、下降前和落地后的工作流程，能够按要求完成这个阶段的服务工作。

活动一　客舱准备

一、客舱安全检查

客舱乘务员在飞机起飞、下降前，需对旅客的安全带、小桌板、座椅靠背、遮阳板、行李架（应急出口处的行李及客舱内的大件行李）完成从前向后的安全检查，收回所有饮料杯。如旅客的饮料还未喝完，向旅客示意起飞后再次提供，并取得其理解。

二、起飞前安全检查广播

女士们、先生们：

飞机（就要/已经）开始滑行了，请您系好安全带，收起小桌板，调直座椅靠背，打开遮光板，关闭手机等电子设备的电源，包括带有飞行模式功能的手机。本次航班是禁烟航班，请您在飞行全程中不要吸烟。谢谢！

Ladies and Gentlemen：

The Plane started to taxi，please make sure your seat belt is securely fastened，your tray table and seat back returned to the upright position，keep window shade open，and all mobile phones including in-flight mode and other electronic devices powered off. Please do not smoke during the whole flight. Thank you!

三、下降前安全检查广播

女士们、先生们：

飞机（已经/即将）开始下降。现在，请您系好安全带，收起小桌板，调直椅背，打开遮光板，请取下连接在座椅电源接口上的数据连接线，确认所有电子设备已关闭。稍后，（客舱灯光将会调暗，如您需要阅读请打开阅读灯）机上洗手间将停止使用。谢谢！

Ladies and Gentlemen：

We will be landing soon. Please fasten your seat belt，put tray table and seat back to the upright position，and make sure the window shade is open. Please turn off and put away all electronic devices at this time. Unplug any devices that are plugged into the seat power outlets.（We will dim the cabin lights shortly，you may turn on your reading light if you keep reading.）The lavatories will be closing soon. Thank you!

四、安全检查服务语言

打扰一下，女士/先生，我们的飞机马上就要起飞/下降了，请您系好安全带，收起小桌板，调直座椅靠背，打开遮光板……谢谢您的配合。

活动二　厨房、洗手间准备

一、厨房安全检查

厨房乘务员在飞机起飞、下降前需对厨房内的所有浮动物品做好固定，从上到下、从左至右地进行检查，电源断开，并确保已踩好餐车、水车的刹车。

二、洗手间安全检查

客舱乘务员完成客舱内的检查后，在起飞、下降前还要将前舱和后舱洗手间的马桶盖板盖好，将洗手间锁好。乘务员要再次确认应急出口座位的旅客符合要求。

当所有准备工作都已完成后，所有乘务员需按指定的位置坐好，系好安全带和肩带，并立即通过内话系统向乘务长报告（“报告乘务长，前舱/后舱五项安全检查已落实”）；乘务长收到后，通过内话系统向机长报告（“报告机长，客舱准备完毕”）；机长收到后，给出信号（禁止吸烟指示灯和系好安全带指示灯闪亮，说明飞机马上起飞/着陆）。

三、起飞前再次确认安全带

当机长在起飞前发出信号（系好安全带、禁止吸烟灯闪亮）时，乘务员进行起飞前广播。

女士们、先生们：

飞机很快就要起飞了，请您再次确认安全带已经系好，手提电话等所有电子设备已关闭。谢谢！

Ladies and Gentlemen:

We will take off shortly, please check your seat belt is securely fastened and keep your mobile phone and other electronic devices switched off. Thank you.

四、下降前再次确认安全带

当机长在下降前发出信号（系好安全带、禁止吸烟灯闪亮）时，乘务员进行下降前广播。

女士们、先生们：

我们的飞机马上就要降落在____机场。请您再次确认安全带已扣好系紧，所有电子设备已关闭。谢谢！

Ladies and Gentlemen:

We will be landing at ____Airport shortly. Please make sure your seat belt is securely fastened and keep your electronic devices switched off. Thank you!

活动三 落地后

一、落地后准备

（一）落地后广播

当飞机降落后在目的地机场滑行时，乘务员进行落地后广播。

女士们、先生们：

欢迎您来到____。现在是北京时间____，机舱外的温度为____摄氏度，____华氏度。飞机还在滑行，请不要站起来，保持安全带系好，手机处于关闭状态，直到飞机完全停稳、舱门打开。下机前打开行李架时，请您小心，以免行李滑落发生意外。非常感谢您选择了天合联盟成员中国东海航空公司的航班。我们全体机组成员祝您一切顺利，期待下次再会。

Ladies and Gentlemen:

Welcome to ____.

It is Beijing Time ____. The outside temperature is ____degrees Centigrade or ____ degrees Fahrenheit.

While the aircraft is taxiing, please be seated and remain your seat belt fastened. Please keep your mobile phones powered off until the cabin door is opened. Meanwhile, please pay special attention to falling luggage when you open the overhead compartment after the aircraft has completely stopped.

Thank you for choosing China East China Sea Airlines, a member of SkyTeam Alliance. On behalf of Captain (Mr. /Ms.) and (his/ her) crew, we wish you all the best and look forward to serving you again.

（二）落地后工作

当飞机完全停稳，系好安全带指示灯熄灭后，乘务长调亮客舱灯光，通过客舱广播呼叫乘务员，发出“各舱门乘务员请到位，操作分离器解除预位”的指令，乘务员根据指令要求进行操作并相互检查，然后报告乘务长。

当廊桥或客梯车靠近，地面服务人员敲门，左一门分离器再次确认解除预位后，乘务长轻抬手柄，将左一门打开，欢送旅客下机（下机音乐打开）。

二、下机服务要点

（1）乘务员致谢道别。飞机落地，完成舱门分离器解除预位并报告后，客舱乘务员需根据自己的岗位职责要求站在指定的位置对旅客进行送客服务。乘务长和头等舱乘务员面对 L1 门，背对 R1 门；3 号和 4 号乘务员站在后舱洗手间附近面向机头背朝机尾方向进行送客。

（2）乘务员进行清舱。在确保客舱内所有旅客下机后，立即进行客舱清舱检查，如发现有旅客的物品遗留在客舱内，应及时归还给旅客或请地面服务人员帮忙转交给旅客。

（3）结束工作。乘务员检查自己的证件资料及携带的装具，在再次对自己负责的舱门进行确认并报告乘务长后，集体离开飞机。

边学边练

每 4～5 位学生为一组，其中 1 人扮演乘务长，其余扮演乘务员，演示从旅客登机开始至乘务组落地后清舱的流程。

步骤 1：迎客服务；

步骤 2：引导入座；

步骤 3：协助安放行李；

步骤 4：应急出口旅客确认；

步骤 5：精英会员致礼服务；

步骤 6：舱门关闭及鞠躬服务；

步骤 7：安全演示（播放安全须知）；

步骤 8：起飞、下降前准备及安全检查；

步骤 9：相互报告；

步骤 10：起飞、下降前和落地后广播。

任务八　平飞后服务

任务描述

通过本任务的学习，学生应掌握飞机平飞后的服务流程，并为接下来的服务做好无缝隙衔接。

活动一　平飞准备

一、平飞广播

（一）航线广播

女士们、先生们：

现在飞机已进入平飞状态，旅途中您可以（使用座椅前的耳机）欣赏影音节目。如果您要使用个人电脑，请记得关闭无线网卡功能。

我们正在为您准备（餐别）餐。今天我们为您准备了（具体餐食）和（具体餐食），由于受机上储存空间限制，如果您首选的餐食和饮料无法满足，敬请您谅解。

飞行途中难免会碰到不可预测的颠簸气流，为保证您的安全，请务必始终系好安全带。飞机颠簸时，请不要离开座位。

我们再次提醒您，飞行全程中，请不要打开手机电源，包括带有飞行模式功能的手机。谢谢！

Ladies and Gentlemen:

We have left origin. You may enjoy movie. While using your personal laptop, please make sure the WIFI card has been switched off.

(Breakfast/ Lunch/ Dinner) will be served in a moment. We have prepared ____ and for your choices. We apologize if your first selection is not available.

As a precaution against unexpected air turbulence, please keep your seatbelt fastened while seated and avoid walking about in the cabin when the aircraft is bumpy.

Once again, would you please keep your cell phone turned off, even in-flight mode, until we arrive at the gate of our destination airport. Thank you!

（二）预计到达时间和温度广播

女士们、先生们：

现在是（北京时间/始发地）时间_点_分，（目的站）时间_点_分。我们的飞机会在__分钟后到达机场，（飞机将停靠在__号候机楼。）

（目的地）天气（晴朗/为多云/为阴天/为小雨……），地面温度为__摄氏度，__华氏度。（由于温差较大，下机时，您不妨添加些衣物，以免着凉。）（同时，机上娱乐节目就要结束了，请将耳机取下放在座椅口袋内。）

谢谢！

Ladies and Gentlemen:

It is (time of origin) and (time of destination) . We will be landing at Airport in about __minutes. (Our flight will be parking at Terminal ____) .

The weather is (clear/ cloudy/ overcast/ rainy...) and the ground temperature is __ degrees Centigrade, or __ degrees Fahrenheit. (When you deplane, you may need to wear something warm.) (Our entertainment system will be switched off shortly, please put your headphone in the seat pocket.)

Thank you!

二、平飞准备

（一）拉合门帘

当系好安全带指示灯熄灭、飞机平飞后，乘务员及时拉上前舱门帘，动作轻柔；若与旅客注视，与旅客微笑点头示意后，再轻轻将帘子全部拉合。

（二）洗手间的开启和清洁

当系好安全带指示灯熄灭、飞机平飞后，乘务员需第一时间开启洗手间门锁并确认用品摆放规范；及时添补洗手间用品，始终保持洗手间卫生良好。

进入洗手间打扫前，如高端旅客等候在旁，需与旅客做好解释沟通。无论洗手间的门闩是否锁闭，都应先敲门，确认无人后再进洗手间打扫；打扫时，应锁门。

清洁洗手间时，应先确认擦手纸、坐垫纸和卷纸等是否齐全；如需补充，及时做好添加工作，确保后续旅客的使用。

确认卫生状况时，做到镜面、台面、地面、马桶圈及盖板干净无污渍和水渍，完成清洁后，将卷纸边折成三角形，表示已完成清洁工作。

（三）餐食烘烤

飞机进入平飞阶段，乘务员需根据餐食的种类（正餐）将餐食烘烤 20 分钟/150 度；烘烤前乘务员需确认烤箱内没有外来物品等。

（四）婴儿摇篮服务

乘务员为婴儿提供摆篮时，需要做好以下工作：打开摇篮，在旅客面前安装，并请旅客确认安全后再使用；铺好毛毯、枕头，提醒旅客将婴儿的头部朝窗口安放，并使用保护拉链；提醒使用保护拉链的重要性。

活动二 平飞服务

一、细微服务

（1）为睡觉的旅客轻轻拉下遮光板，关闭阅读灯。

（2）为高端 /金卡旅客主动提供餐食优先预选服务，并做好记录，与舱位乘务员互相提醒；细心关心本舱位的特殊旅客。

（3）如果报刊较多，巡视客舱的时候可再次分发，并询问正在阅读的旅客是否需要为他打开阅读灯。

（4）与旅客交谈时采取身体前倾或下蹲的姿势，体现出服务者的礼貌与诚意。

（5）与旅客进行适当的交谈，对高端/金卡旅客全程实行“姓氏称谓服务”。

二、毛毯服务

（1）乘务员需根据客舱温度，关注旅客的情况，对于休息、有需求的旅客及时提供毛毯（优先给老人和小孩等特殊旅客提供）。

（2）由一名乘务员携带 2 条毛毯从前舱至后舱进行关怀。

三、耳机服务

（1）乘务员需告诉旅客耳机插孔位置，及时指导旅客如何正确使用。对于初次乘机旅客及老年、儿童旅客应给予优先关注和指导。

（2）如旅客座位耳机设备故障，主动协助旅客调换座位。

（3）平飞后乘务员发放耳机时，需将耳机放置在折叠水车或餐车上进行发放。（一次性耳机直接拿着篮子发放。）

（4）乘务员在餐饮服务前需主动为旅客介绍娱乐设备的使用，并随身带几个耳机以便及时为旅客更换损坏的耳机。

（5）更换后无法使用的耳机单独存放。航后回收时与航食人员做好交接工作，避免已损坏的耳机再一次配上飞机。

合作实训

4～5 位学生一组，扮演乘务组成员，其他学生观摩学习，思考遇到如下问题时该如何应对。

1. 应急出口旅客在紧急情况下不配合乘务员，乘务员该怎么办？

你的回复 A：______________________________

____

你的回复 B：______________________________

____

2. 关舱门前发现旅客的座位号出现重号，乘务员如何解决？

你的回复A：____

你的回复B：____

3. 乘务员进行安全演示时，旅客想和乘务员聊天，乘务员该如何解决？

你的回复A：____

你的回复B：____

4. 乘务员分离器预位的流程有哪些？

你的回复A：____

你的回复B：____

你的回复C：____

你的回复D：____

项目总结

本项目主要介绍了乘务员飞行实施阶段的工作，共有八个任务。通过对本项目的学习，学生了解了迎客与送客的服务流程与要点，能够按照要求完成迎送客服务；掌握了机上安全演示的动作技巧，能够按要求为旅客进行安全演示；掌握了起飞前各项准备工作，能够顺利完成起飞和下降工作。

◆ 项目检测

一、单选题

1. 关舱门前对应急出口旅客评估的乘务员是（　　）。

A. 乘务长　B. 2号乘务员　C. 3号乘务员　D. 4号乘务员

2. 旅客登机时乘务长迎客的位置为（　　）。

A. 客舱　B. 头等舱　C. 应急出口　D. 面对主登舱门

3. 下列旅客中适合安排在出口座位的是（　　）。

A. 11岁儿童　B. 盲人　C. 警察　D. 老人

4. 如旅客年龄不满（　　），则该旅客不宜在出口座位就座。

A. 10岁　B. 12岁　C. 15岁　D. 17岁

5. 下列属于乘务员安全演示内容的是（　　）。

A. 救生衣演示　B. 氧气面罩演示　C. 安全带演示　D. 以上都是

二、判断题

1. 乘务员应在旅客登机时，对应急出口旅客逐一确认。( )
2. 播放登机音乐时，以不影响两人交谈为宜。( )
3. 机上救生衣穿好后应立即拉动手柄充气。( )
4. 应急出口评估后不需要报告乘务长，自己知道就可以了。( )
5. 迎客时厨房乘务员在厨房整理餐食，不需要站在客舱内。( )

三、简答题

1. 简述应急出口评估的话术。

2. 简述安全演示表演的顺序。

3. 迎客服务的服务要点有哪些?

项目五
乘务员飞行实施阶段二

情境引入

广交会期间，上海至广州的航班天天爆满（通常航空公司下属的配餐公司是按人数来配备旅客餐食的），基本上没有多余的餐食。飞机平飞后乘务员送餐的时候，一个旅客接过餐盒，不巧那盒米饭滑落在地上，旅客身上沾满了撒出来的饭菜，乘务员立即拿了毛巾为这位旅客擦拭。这时周围的旅客都在用餐，自己的餐食却撒落在地上，旅客心里不太舒服，还有点尴尬。处理完后，这名旅客就问乘务员再要一份餐食，乘务员说："我们的餐食可能没有多的了，等会儿发完了还有的话就给您送来！"当时这位旅客很不高兴，非常气愤地说："我花了这么多钱坐你们的飞机，吃的就是剩饭?"幸好这个时候乘务长来了，很快明白了事情的经过，马上对旅客表示了歉意："很抱歉，先生！耽误了您的用餐时间，我们特意为您准备了一份头等舱的餐食，马上拿给您，希望您在我们的飞机上有一次愉快的用餐！"即将发怒的旅客脸上也立马"多云转晴"，很不好意思地说："那就麻烦你们了！"

项目目标

知识目标：

- 了解餐饮服务的基本知识；
- 了解餐饮服务的要点；
- 了解餐饮服务的原则。

技能目标：

- 掌握餐饮服务的具体要求；
- 掌握餐饮服务的程序；
- 掌握餐饮服务的服务技巧。

素养目标：

- 培养团队合作、专业化的职业素养；

➢ 培养创新意识、责任意识和服务意识；
➢ 培养应变能力、挫折承受力、自我调节能力。

任务一 饮料服务

任务描述

在飞行过程中，餐饮服务环节是旅客感受最直观的部分；本任务主要包括了解非酒精饮料、了解酒精饮料、饮料服务操作三个活动。通过对三个活动的学习，学生应掌握非酒精、酒精饮料及饮料的服务操作。

活动一 了解非酒精饮料

一、果汁（Juice）

飞机上为旅客提供的果汁饮品主要有以下几种：

(1) 橙汁（Orange Juice）：机上用量最大，成人及儿童均喜欢。常用的橙汁如图5-1所示。

(2) 番茄汁（Tomato Juice）：含盐量大，不适宜提供给肾、心脏不好的旅客。外宾喜欢。常用的番茄汁如图5-2所示。

图5-1 橙汁

图5-2 番茄汁

（3）苹果汁（Apple Juice）：适合儿童，小旅客喜欢饮用。冰镇饮用味道最好。常用的苹果汁如图 5－3 所示。

（4）菠萝汁（Pineapple Juice）：个别航线配备。此饮料可以提供给糖尿病旅客饮用。常用的菠萝汁如图 5－4 所示。

图 5－3　苹果汁

图 5－4　菠萝汁

（5）芒果汁（Mango Juice）：个别航线配备。可以补充维生素 E 和维生素 C。常用的芒果汁如图 5－5 所示。

（6）椰子汁（Coconut Milk）：个别航线配备。常用的椰子汁如图 5－6 所示。

图 5－5　芒果汁

图 5－6　椰子汁

在为旅客提供果汁类饮品时应注意的事项如下：

(1) 开瓶前要摇晃均匀，用毛巾擦拭开口处。

(2) 开过的果汁，不宜留存时间过长。

(3) 加冰与否应先征求旅客意见。

常用果汁组合如图 5-7 所示。

图 5-7　果汁组合

二、碳酸饮料

碳酸饮料是指含碳酸气体（CO_2）的饮料总称。它的特点是在饮料中充二氧化碳气体，当饮用时，泡沫多而细腻，饮后爽口清凉，具有清新口感。飞机上提供给旅客的带气饮料主要有可口可乐、雪碧、芬达、百事可乐、七喜、美年达等。常用的可口可乐系列组合饮料如图 5-8 所示，百事可乐系列组合饮料如图 5-9 所示。

图 5-8　可口可乐系列组合饮料

图 5-9　百事可乐系列组合饮料

提供碳酸饮料时应注意：

(1) 打开前不要摇晃。

(2) 借助小毛巾打开，以防气泡外溢。

(3) 倒时杯子倾斜 45 度角。

(4) 不要过早打开，若打开时间过长，不要再向旅客提供。

(5) 主动询问旅客是否需要加冰，如需要，先加入 2～3 块冰块后再倒饮料。

(6) 婴幼儿、神经衰弱者不主动提供可乐。

三、矿泉水

矿泉水的味道分咸味和淡味两种，并且有有气和无气之分。在飞机上为旅客提供时，如旅客无要求不主动加冰，最好冰镇。常用的矿泉水如图 5-10 所示。

图 5-10　矿泉水

四、茶

中国是发现和利用茶叶最早的国家之一，至今已有几千年的发展历史，并已形成了自己的独特文化。

（一）茶的种类

1. 青茶（乌龙茶）

青茶（乌龙茶）属于半发酵茶，介于红茶和绿茶之间，风味独具，是我国几大茶类中独具鲜明特色的茶叶品类。青茶既具有绿茶的醇，红茶的鲜强浓厚，又具有花茶的芬芳幽香。“绿叶红镶边”是乌龙茶独具的特点，茶叶泡开后叶片红绿相映，十分秀美。青茶乃中国茶叶百花园中之一支奇葩。

青茶的药理作用，突出表现在分解脂肪、减肥健美等方面，在日本被称为“美容茶”“健美茶”。青茶为我国特有的茶类，主要产于福建、广东、台湾。青茶的制造工序概括起来可分为：萎凋、做青、炒青、揉捻、干燥，其中做青是形成青茶特有品质特征的关键工序，是奠定青茶香气和滋味的基础。

2. 绿茶

绿茶，又称不发酵茶，是以适宜的茶树新梢为原料，经杀青、揉捻、干燥等典型工艺过程制成的茶叶。其干茶色泽和冲泡后的茶汤、叶底以绿色为主调。绿茶较多地保留了鲜叶内的天然物质，其中茶多酚、咖啡因保留鲜叶的85%以上，叶绿素保留50%左右，维生素损失也较少，从而形成了绿茶“清汤绿叶，滋味收敛性强”的特点。科学研究结果表明，绿茶中保留的天然物质成分，有防衰老、防癌、抗癌、杀菌、消炎等特殊效果，为其他茶类所不及。

绿茶为我国产量最大的茶类，产区分布于各产茶省、市、自治区。浙江、安徽、江西三省的绿茶产量最高，质量最优，是我国绿茶生产的主要基地。绿茶的代表品种有龙井、碧螺春、信阳毛尖、黄山毛峰、庐山云雾、六安瓜片等。

3. 红茶

红茶以适宜制作本品的茶树新芽叶为原料，经萎凋、揉捻（切）、发酵、干燥等典型工艺过程精制而成，为全发酵茶。其干茶色泽和冲泡的茶汤以红色为主调。世界四大红茶是祁门红茶、阿萨姆红茶、大吉岭红茶、锡兰高地红茶。

飞机上提供给旅客的茶有：乌龙茶、花茶、绿茶、红茶、菊花茶。花茶、绿茶、红茶、菊花茶一般以茶包形式提供。但在经济舱只为旅客提供乌龙茶和花茶。乌龙茶茶包如图5-11所示，茉莉花茶茶包如图5-12所示，红茶茶包如图5-13所示，绿茶茶包如图5-14所示，菊花茶茶包如图5-15所示。

（二）茶的冲泡和饮用方法

1. 青茶的冲泡和饮用方法

（1）选用高中档青茶，备好一套专门茶具。泡茶的水最好取上好的山泉水，水温以二沸水为宜。泡茶前先用沸水把茶壶、茶盘、茶杯等淋洗一遍，使茶具保持清洁和有相当的热度。把茶叶按粗细分开，先放碎末填壶底，再盖上粗条，把中小叶排在最

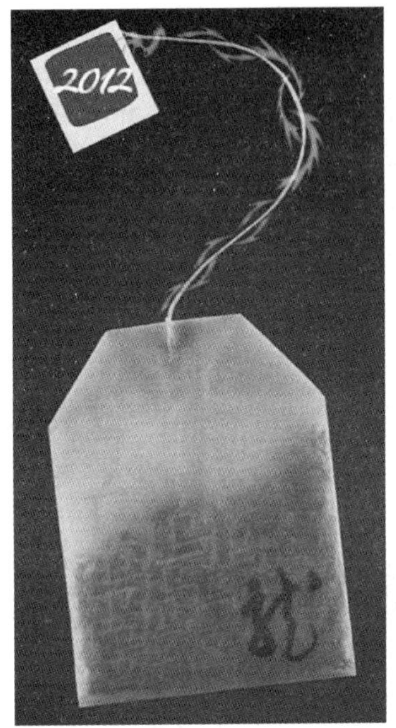

图 5-11　乌龙茶茶包

图 5-12　茉莉花茶茶包

图 5-13　红茶茶包

图 5-14　绿茶茶包

图 5-15　菊花茶茶包

上面，以免碎末堵塞壶内口，阻碍茶汤顺畅流出。用开水冲茶，循边缘缓缓冲入，形成圈子，以免冲破“茶胆”。当水刚漫过茶叶时，立即倒掉，称之为“茶洗”，即把茶叶表面尘污洗去，使茶之真味得以充分体现。茶洗过后，立即冲进第二次水，水量约九成即可。盖上壶盖后，再用沸水淋壶身，这叫“内外夹攻”。泡茶的时间一般为 2～3 分钟。泡的时间太短，茶叶香味出不来，泡的时间太长，会影响茶的鲜味。

（2）斟茶的方法也很讲究，用食指轻压壶顶盖珠，中、拇二指紧夹壶后把手。开始斟茶时，茶汤轮流注入几只杯中，每杯先倒一半，周而复始，逐渐加至八成，使每杯茶汤气味均匀，这叫做“关公巡城”。行茶时应先斟边缘，而后集中于杯子中间，并将壶底最浓部分均匀斟入各杯中，最后点点滴下，此谓“韩信点兵”。斟茶时应低行，以免失香散味。第二次斟茶，仍先用开水烫杯。以中指顶住杯底，大拇指按于杯沿，放进另一盛满开水的杯中，让其侧立，大拇指一弹动，整个杯即飞转成花，十分好看。这样烫杯之后，才可斟茶。

（3）品饮青茶时，应拿着茶杯从鼻端慢慢移到嘴边，趁热闻香，再尝其味。闻香时不必把茶杯久置鼻端，而是慢慢地由远及近，又由近及远，来回往返三四遍，顿觉阵阵茶香扑鼻而来，慢慢品饮，则茶之香气、滋味妙不可言，达到最佳境地。

2. 绿茶的冲泡和饮用方法

（1）准备长饮杯，绿茶泡制的水温应在 80℃～95℃。置入适量适温的开水后，投入 3～5 克绿茶茶叶。静待绿茶茶叶下沉。绿茶茶叶在杯中逐渐伸展，上下沉浮，汤明色绿。欣赏绿茶茶叶起浮及舒展的过程，待绿茶茶叶完全下沉后即可品饮。

（2）准备长饮杯，先置入适温开水约三分之一，投入 3～5 克绿茶茶叶，静待绿茶茶叶慢慢舒展。待绿茶茶叶舒展后，加满开水。绿茶茶叶完全下沉后即可饮用。

（3）准备瓷盖杯，温杯，投入适量茶叶。加入少许适温开水。拿起冲泡杯，徐徐摇动使茶叶完全濡湿，并让茶叶自然舒展。待茶叶稍微展开后，加入九分满开水。等待茶叶溶出茶汤。用杯盖稍微拨动茶汤，使茶叶溶出的茶汤更均匀后即可饮用。

3. 红茶的冲泡和饮用方法

（1）按使用的茶具来可以分两种，一种是杯饮法，一种是壶饮法。一般来说，各类工夫红茶、小种红茶、袋泡红茶和速溶红茶等，大多采用杯饮法；各类红碎茶及红茶片、红茶末等，为使冲泡过的茶叶与茶汤分离，便于饮用，习惯采用壶饮法。

（2）按茶汤中是否添加其他调味品来分，又可分为“清饮法”和“调饮法”两种。红茶清饮法是中国大多数地方饮用红茶的方法，工夫红茶饮法就属于清饮，即在红茶汤中不加任何调味品，使茶叶发挥固有的香味。红茶调饮法是指在茶汤中加入调料，以佐汤味的一种方法。比较常见的是在红茶茶汤中加入糖、牛奶、柠檬片、咖啡等。调料的种类和数量，随红茶饮用者的口味而定。

（3）按红茶茶汤进出方法可分为红茶冲泡法和红茶煮饮法。红茶冲泡法即前面谈到的将茶叶置入茶杯或茶壶中，然后冲入沸水，水温大约在 95℃～100℃。静置几分钟待茶叶内含物溶入水中，即可饮用。先闻其香，再观其色，然后品味。红茶煮饮法多在客人餐前饭后饮红茶时用，将茶置于壶中，加入清水煮沸，然后分给大家。

4. 经济舱提供茶的方法

（1）花茶提供方法是将一小袋茶包放入钢壶中，注入开水至七成，泡一会儿，取出茶包。冲泡次数不宜过多，两至三次为宜。温度与浓度要适宜。茶包破裂时应停止使用。注意：取茶包时不能用手直接取出，可用搅拌棍作为筷子夹取。取出的茶包不能扔掉，可做下次冲泡时使用。

（2）红茶的提供方法是在茶杯内倒入热水至七成，然后放入茶袋，与糖包外放一起送出。服务时，询问旅客是否加入牛奶或柠檬，牛奶与柠檬不能同时放入红茶内。

五、咖啡

（一）咖啡起源

咖啡兼具浪漫芳香与柔和苦涩，已成为备受世界各地人们青睐的神奇饮品。“咖啡”一词最初源自希腊语，意为“力量与热情”。传说中咖啡发现于六世纪，发展至今已有一千多年历史并形成一种独特的咖啡文化。

（二）咖啡种类及产地

1. 蓝山咖啡

产地牙买加，得名于加勒比海环绕之中的蓝山。酸味、甜味、苦味均十分调和又有极佳风味及香气，适合做单品咖啡，宜做中度烘焙。

2. 摩卡咖啡

产地埃塞俄比亚。具有独特香气，中度烘焙有柔和的酸味，深度烘焙则散发出浓郁香味，偶尔会作为调酒用品。

3. 卡布奇诺

20 世纪初，意大利人阿奇加夏发明蒸汽压力咖啡机的同时，也发明出了卡布奇诺咖啡。卡布奇诺是在偏浓的咖啡上，倒入以蒸汽发泡的牛奶。此时咖啡的颜色，就像卡布奇诺教会的修士在深褐色的外衣上覆上一条头巾一样，咖啡因此而得名。

4. 巴西咖啡

产地巴西。酸味和苦味可借由烘焙来调配，中度烘焙香味柔和，味道适中，深度烘焙则有强烈苦味，适合来调配混合咖啡。

5. 哥伦比亚咖啡

产地哥伦比亚。拥有独特的酸味及醇味，清爽与浓厚交替。

6. 意大利咖啡

具有浓郁的香味及强烈的苦味，咖啡的表面浮现一层薄薄的咖啡油，这层油正是意大利咖啡诱人香味的来源。适合那些追求强烈味觉感受的人。

7. 爱尔兰咖啡

爱尔兰咖啡是一种既像酒又像咖啡的咖啡，原料是爱尔兰威士忌加咖啡豆，特殊的咖啡杯，特殊的煮法，认真而执着，古老而简朴。爱尔兰咖啡杯是一种方便于烤杯的耐热杯。烤杯的方法可以去除烈酒中的酒精，让酒香与咖啡更能够直接调和。爱尔兰人最了解威士忌拥有一股独特而浓烈的薰香和淡淡甜味，威士忌调成的爱尔兰咖啡，更能将咖啡的酸甜味道衬托出来。

8. 维也纳咖啡

“Viennese”乃奥地利最著名的咖啡，是一个名叫爱因·舒伯纳的马车夫发明的，也许是这个原因，今天，人们偶尔也会称维也纳咖啡为“单头马车”。

9. 法国拿铁咖啡

它是意大利咖啡的另一种变化，冲泡操作与卡布奇诺相同，只是咖啡/牛奶/奶泡的比例稍作变动而已。

10. 雀巢咖啡

雀巢公司起源于瑞士，最初是以生产婴儿食品起家，以生产巧克力棒和速溶咖啡闻名遐迩。专为喜欢浓郁咖啡口味的咖啡饮用者研制，咖啡更浓，回甘悠长，口感醇厚。

飞机上一般提供的为雀巢速溶咖啡。咖啡的饮用方法分为正常咖啡、黑咖啡和白咖啡。正常咖啡为咖啡加糖和咖啡伴侣；黑咖啡直接饮用，不加糖和咖啡伴侣；白咖啡只加咖啡伴侣不加糖。

咖啡伴侣袋装组合如图 5－16 所示，咖啡伴侣瓶装组合如图 5－17 所示，大袋白砂糖如图 5－18 所示，小袋白砂糖如图 5－19 所示。

图 5－16 咖啡伴侣袋装组合

图 5－17 咖啡伴侣瓶装组合

图 5－18 大袋白砂糖

图 5－19 小袋白砂糖

（三）经济舱冲泡咖啡的方法

（1）冲泡咖啡时，不能用含碱性的硬水或含有大量铁质的水。

（2）水的温度不能过高，最理想的水温是 80℃～90℃。用沸腾的开水冲泡咖啡会增加咖啡的苦味和收敛性，使质量下降。

（3）冲泡咖啡时，咖啡和水的比例为 1∶15～1∶20 。

（4）咖啡浸泡的时间不能过长。长时间浸泡会使液体产生一种胶质状的漂浮物，使液体混浊起来，就像用滚开水浸泡一样。咖啡所含有的咖啡因和芳香油在 2 分钟内就会溶解。所以，如果浸泡 3 分钟以上，就会破坏咖啡的风味。

（5）注意检查咖啡的生产日期和保质期，确保咖啡的质量。

（6）咖啡最基本的饮用方法：清饮、加糖、加奶。

六、牛奶提供

牛奶营养丰富，在飞机上为旅客提供时需要冷藏，保证温度在4℃左右。牛奶是老、弱、病、孕者的滋补佳品。常用牛奶如图5－20所示。

图5－20　牛奶

边学边练

每4～5位同学组成一个乘务组，指定1名同学作为乘务长，其余同学为乘务员，进行咖啡冲泡的操作练习。具体操作如下：

操作1：取出咖啡、伴侣和糖各一袋；

操作2：放入咖啡壶内；

操作3：加入9成满的开水进行冲泡；

操作4：用搅拌棍进行搅拌。

活动二　了解酒精饮料

一、啤酒

啤酒是由大麦或其他谷物制成糊状，发酵后再加上啤酒花制成的。常用的啤酒如图5－21所示。

啤酒须冰镇后再提供，最佳饮用温度5℃～7℃。开启时，避免摇晃，用小毛巾捂住，放餐车下打开。倒啤酒时杯子倾斜成45度角，倒至七成，连同啤酒瓶一起送出。旅客不要求不主动加冰。啤酒可作为饮料全程提供给旅客。

图 5-21 啤酒

二、白葡萄酒

白葡萄酒以各种颜色葡萄为原料，去皮、梗、籽后取汁、发酵制成，世界上最好的白葡萄酒产自德国的莱茵地区和法国的波尔多地区。

白葡萄酒需冷藏或冰镇后提供，最佳饮用温度为 10℃～12℃。当旅客食用白色肉，如鱼、牡蛎、贝类海鲜等时提供。味淡的奶酪也可配白葡萄酒。此酒一般为餐中或餐后酒。

三、红葡萄酒

红葡萄酒一般用紫色葡萄连皮带籽、梗一起压榨取汁而成，其颜色来源于外皮的花青素和丹宁这两种物质。最好的红葡萄酒产自法国。

提供方法：红白葡萄酒以室温为最佳饮用温度，不能冰镇。当旅客食用红色肉，如家禽、牛排、野味、带肉酱的面食时提供。味重的奶酪也配红葡萄酒。此酒一般为餐中或餐后酒。

飞机上还提供了其他酒，如图 5-22 所示。

图 5-22 飞机上常用的酒

活动三　饮料服务操作

一、饮料服务

（一）饮料车准备

乘务员需确定饮料车内各种饮料齐全。准备一个空抽屉，将其擦拭干净，将各种饮料整齐地摆放在饮料车的塑料格子内，使通道两边的旅客均可看到。在厨房内先将盖子拧松；冷饮放置于饮料车的中间，热饮（茶水和咖啡）放置于饮料车的前后两端，靠近乘务员一侧。饮料车摆放如图 5－23 所示。

图 5－23　饮料车摆放

热饮以茶和咖啡为主，根据航线特点可在饮料车内放一壶白开水；准备冰桶、冰勺、搅拌棍、餐巾纸、果仁（根据航线配备）；准备水杯；提供正餐时应供应酒类（根据情况配备），提前冰镇白葡萄酒和啤酒。

（二）点心餐与饮料同时发送

乘务员将点心餐/干果放入饮料车内，同饮料一同为旅客提供，或将三明治/烧饼等快餐放入餐车内，饮料车紧随其后，同步为旅客提供。乘务员推饮料车进行客舱服务时，遵守从前向后、从左到右、先里后外、先女宾后男宾、先长辈后晚辈、先上级后下级等原则。

二、饮料服务注意事项

乘务员在进行饮料服务时，需拿杯子的下 1/3 处；饮料桶、酒瓶拿其中下部，注意倒酒饮时瓶口不能接触杯口；饮料倒至杯子的七成，儿童旅客的饮料应倒至杯子五成，交于监护人手中；提供给儿童的热饮温度以不烫手为宜；带汽的酒或饮料，应将杯子倾斜，以免泡沫溢出；如旅客需要冷饮，应主动询问是否需要加冰；如旅客需要热饮，应将热饮摆放至小桌板杯槽内，如无法摆放，递至旅客手中，提示旅客注意安全；发送物品时乘务员应面向旅客，同时提供语言服务；所送物品上如有航徽或文字，应朝向旅客。

三、葡萄酒服务

（一）葡萄酒开瓶的操作方法

葡萄酒的瓶塞分为两种，一种是软木塞，另一种是螺旋帽式的。对于螺旋帽的瓶塞，可以直接拧开，但是在开瓶时也有一个小窍门，不要按正常的方法拧上面的部分，而是一手握住瓶身，另一只手去拧螺旋帽的下半部分，这种方法可很轻松将瓶盖打开，且不会将瓶塞破坏，如有酒未喝完，还可以拧好瓶盖进行储存。软木塞的葡萄酒在开瓶时则分为五步：划一道开瓶线—将锡纸取下—酒钻斜插入软木塞—旋转开瓶器—将软木塞取出。

软木塞开瓶时的注意事项：

（1）开瓶线应在酒瓶凸起的下缘，注意要整齐地在一条线上。

（2）去锡纸帽时，注意不要蛮横用力，保证酒瓶上剩下的锡纸部分美观整齐。

（3）酒钻斜插便于用力。

（4）旋转酒钻时注意不要太深，以免将瓶塞钻透，木屑掉入酒液中影响酒的口感。

（二）葡萄酒供应的注意事项

红葡萄酒可在常温下为旅客提供，但最佳供酒温度为16℃～18℃，冰镇时间12～15分钟。建议如果条件允许，将酒瓶早点打开，让酒能够充分呼吸，也就是我们经常说的醒酒，这样酒的口感会更加柔和、醇厚。

白葡萄酒需要在供餐前进行冰镇，使酒液的温度达到10℃～12℃，冰镇时间33～35分钟，这样口感会更加清爽，果香更加浓郁。

任务二　经济舱餐食服务

任务描述

本任务主要包括一般餐食服务和特殊餐食服务。通过对两个活动的学习，学生应掌握经济舱餐食服务的基本内容。

活动一　一般餐食服务

一、经济舱餐食介绍

正餐包括：冷荤、甜品、主菜（2种选择）、面包、黄油；正餐热食。正餐热食如图5-24所示，面包如图5-25所示，正餐热食摆放如图5-26所示。

图 5-24　正餐热食

图 5-25　面包

图 5-26　正餐热食摆放

（一）姜葱盐焗鸡饭

以姜葱、料酒、鸡肉等为原料，制法独特，味香浓郁，骨肉鲜香，风味诱人。姜葱盐焗鸡饭如图 5-27 所示。

图 5-27　姜葱盐焗鸡饭

（二）小炒黄牛肉饭

以牛肉、青尖椒、红尖椒等为原料，香味浓郁，味道鲜美，十分诱人。小炒黄牛肉饭如图 5-28 所示。

图 5-28　小炒黄牛肉饭

（三）海南鸡油饭

以文昌当地的白切鸡做法，配以鸡油和浸鸡水烹煮的米饭制作而成，在海南当地俗称文昌鸡油饭。海南鸡油饭如图 5-29 所示。

（四）雪里蕻炒肉饭

雪里蕻营养丰富，腌制后质脆味鲜，口感爽脆，略带酸味，与肉末完美搭配，相得益彰。雪里蕻炒肉饭如图 5-30 所示。

图 5-29　海南鸡油饭

图 5-30　雪里蕻炒肉饭

轻正餐包括：主菜（2 种选择）、面包、小菜。面包为集中装配方式，每 20 个面包装入一袋，备份一袋。操作时，乘务员将面包袋打开，放入烤好热食并腾空的烤箱内；将多余烤炉篦妥善放置，避免烫伤；面包袋口向里，烤炉热气直接吹入，可使面包松软；将面包袋平放烤炉篦上分层放置，烤箱高温烘烤 5～7 分钟即可。面包如图 5-31 所示。

图 5-31　面包

点心餐包括：点心、水果、小食品。

小食品：以干果类为主，航程 1 小时以内（含）的航班，可提供小食品服务；航程超过 3 小时的航班，增加小食品服务。乘务员将小食品放在餐巾纸上方，整齐地摆放在小桌板上或送至旅客手中。果仁如图 5-32 所示，小食品如图 5-33 所示。

盘正餐：冷荤、甜品、面包、热食，食品放在塑料盘中，所有用具需要回收。

冷正餐：同上，但不含热食。

盘早餐：小菜、水果、早餐面包、早餐热食，所有食品均放在需要回收的餐盘中。

盒正餐：内容同盘正餐，但所有食品均放在纸盒中，餐具不需要回收。

午餐如图5-34 所示，晚餐如图 5-35 所示，轻正餐如图 5-36 所示，冷正餐如图 5-37 所示，早餐如图 5-38 所示，鸡肉面条如图 5-39 所示，牛肉米饭如图 5-40 所示。

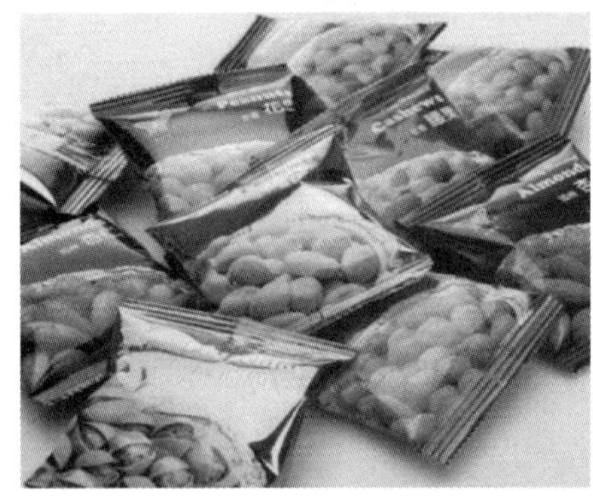

图 5-32　果仁

图 5-33　小食品

图 5-34　午餐

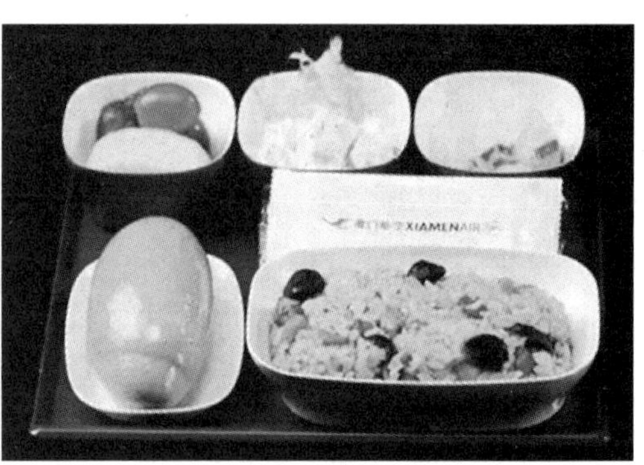

图 5-35　晚餐

图 5-36　轻正餐

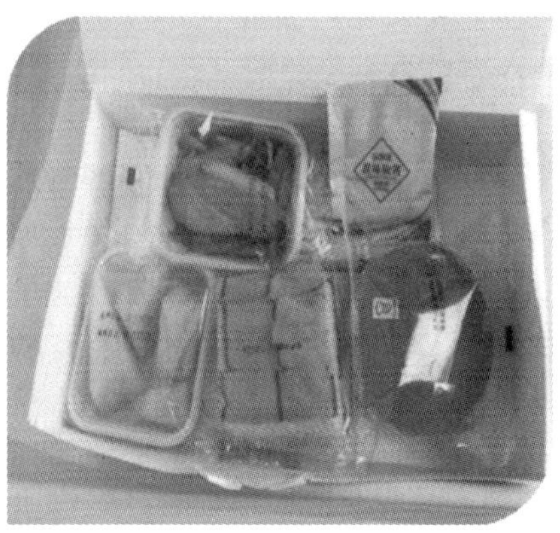

图 5-37　冷正餐

图 5-38　早餐

图 5-39　鸡肉面条

图 5-40　牛肉米饭

盒早餐：内容同盘早餐，但所有食品均放在纸盒中。

盒点：内容同冷正餐盒点，但所有食品均放在纸盒中。

快餐：三明治、饼干、杯面等食品、花生米。

三明治如图 5-41、图 5-42 所示，饼干如图 5-43 所示。

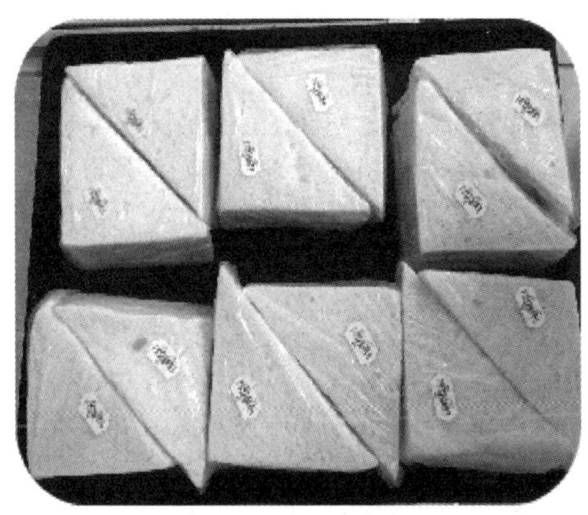

图 5-41　三明治一

图 5-42　三明治二

二、供餐时间

早餐：06:30—08:30，午餐：11:30—13:30，晚餐：17:30—19:30。

图 5-43 饼干

三、配发标准

早上 08:30（含）以前起飞的航班，飞行时间在 1 小时 30 分（含）以内的航班，配点心。

飞行时间在 1 小时 30 分～2 小时 30 分（含）之间的航班，如不在用餐时间，配备点心；正值供餐时间，配轻正餐。

飞行时间在 2 小时 30 分以上的航班，如不在用餐时间，配点心餐；正值供餐时间，则配正餐。

四、餐食烘烤技巧

飞机上大部分食品需要高温加热，但热敏感度高的食品需要降低加热温度，如鸡蛋类食品；需要加热温度相对高的食品放在烤箱的上半部分，烤箱内的温度从上向下逐渐降低。建议将烘烤分为两次，先烘烤一半时间，检查烘烤效果，根据受热均匀度，决定是否调整剩余烘烤时间。热食烘烤标准见表 5-1。

表 5-1 热食烘烤标准

餐食种类	冷烤炉	时间（分钟）	热烤炉	时间（分钟）
肉类+蔬菜+米饭	高温	15～20	高温	15～18
海鲜类+蔬菜+米饭	高温	15～18	高温	15
早餐类、面条类	中温	15～18	中温	15
点心类	中温	15	中温	10

热食的烘烤数据参照主菜的烘烤标准；根据餐食冷冻情况和烤炉的工作状况调整烘烤的温度和时间。

热食监控温度的操作需要定时核查餐食的温度，为了保证烤箱内所有餐食都达到均匀的受热条件，应该在烘烤过程中视情况进行调整。烘烤过程中要避免过度频繁地打开烤箱。

活动二　特殊餐食服务

特殊餐食是为有宗教信仰和因健康关系需特别照顾的旅客提供的。一般为旅客在购票时提出要求，上机后提供“特殊餐券”。

一、犹太教餐食（KSML，Kosher Meal）

犹太教餐食是根据犹太教的戒律进行烹饪的。犹太教餐食是依据犹太教教规在特殊厨房并在犹太教教士的严格监督下制作的。犹太教餐食应在完好无损的盒中保存，整套提供给旅客供其打开检查，打开后将由旅客本人将主菜交给乘务员加热。主菜由一锡纸封严，加热后交回旅客手中时，要确保其封严并完好无损。

（一）犹太教餐食的特性

可以食用带鳞带翅的鱼，可蒸、煮、熏。不允许进食鳐、牡蛎、螃蟹、小龙虾、龙虾、鳝鱼等。牛奶制品可以食用。

（二）可用的替代食品

下列食品在飞机上无犹太教餐食的情况下，可以提供给犹太教旅客：面包、饼干、罐装鱼、干酪、水果、蛋糕、沙拉、蔬菜。

犹太教餐食如图 5-44 所示。

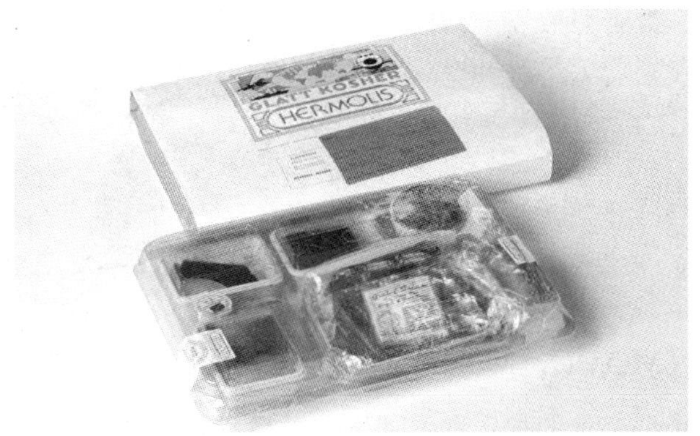

图 5-44 犹太教餐食

二、婴儿餐（BBML，Baby Meal）

飞机上的婴儿餐适用于 10 个月以上的儿童食用，主要为瓶装的菜泥、汤汁、小儿甜点和婴儿水果汁等食物。婴儿餐如图 5-45 所示。

图 5-45 婴儿餐

三、溃疡餐-清淡低纤维餐食（BLML，Bland/Soft Meal）

溃疡餐-清淡低纤维餐食是专为患有肠胃疾病的旅客提供的餐食。菜单中使用易于消化、味道清淡、口感柔软的食材。一律不使用油炸食品，以及味道浓烈的料理、黑胡椒、辣椒粉等强烈刺激性的食品。这种餐食低纤维、低脂肪、清淡爽口易于消化。溃疡餐-清淡低纤维餐食如图 5－46 所示。

四、儿童餐（CHML，Children Meal）

这种餐食适合 2～7 岁的小旅客，比成人餐量少；易咬食和咀嚼，且采用对孩子有吸引力的食物。如鱼排、香肠、春卷、比萨饼，开胃品通常是鲜水果、巧克力布丁、果料甜点等。儿童餐如图 5－47 所示。

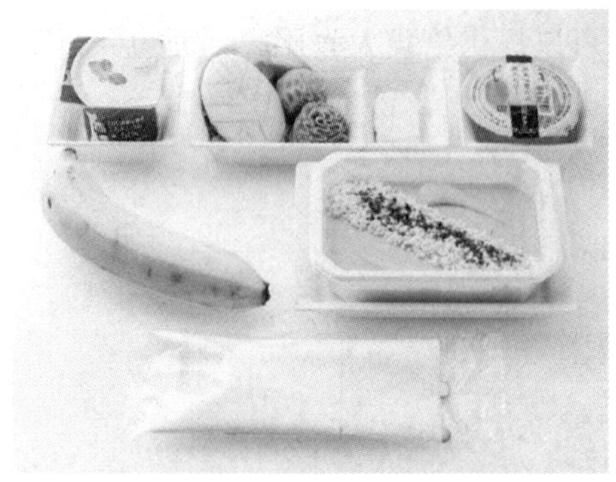

图 5－46　溃疡餐

图 5－47　儿童餐

五、清真餐（MOML，Mohammedan Meal）

清真餐是根据伊斯兰教的规定和习惯准备的餐食。严禁猪肉类食品，严守教规的穆斯林希望肉食是依教规屠宰的，牛羊肉可以接受，鱼肉总体上是允许的。水果、蔬菜和米饭可作为替代食品。软饮料一般是茶或咖啡。开斋节期间，在太阳升起后至落下前不准进食。清真餐如图 5－48 所示。

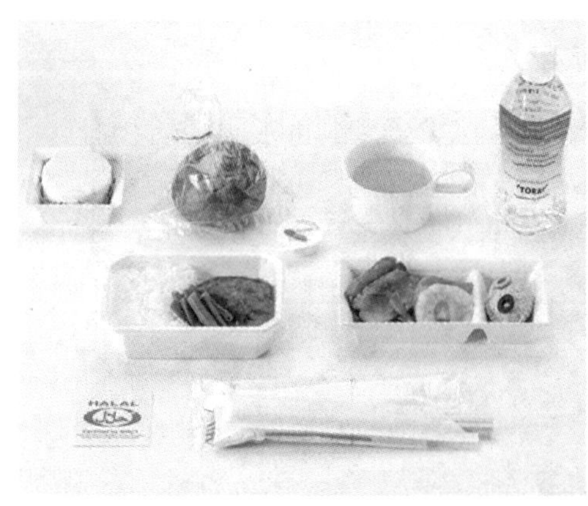

图 5－48　清真餐

六、印度餐（HNML，Hindustan Meal）

印度餐是为不吃牛肉的印度教教徒提供的餐食。牛肉是绝对禁止提供的，并且虔诚的印度教教徒一般是素食者。除了牛肉外，也避免使用猪肉，可使用鱼肉、鸡肉、羊肉、大米、水果等作为食材。烹饪时不使用酒精。

飞机上没有专门配置特种餐食时，乘务员要征求旅客意见，询问是否吃肉类食物（除牛肉）或者是素食，然后根据旅客的要求提供肉类（除牛肉）、鱼、鸡蛋、沙拉、蔬菜、水果、米饭等食品。印度餐如图 5－49 所示。

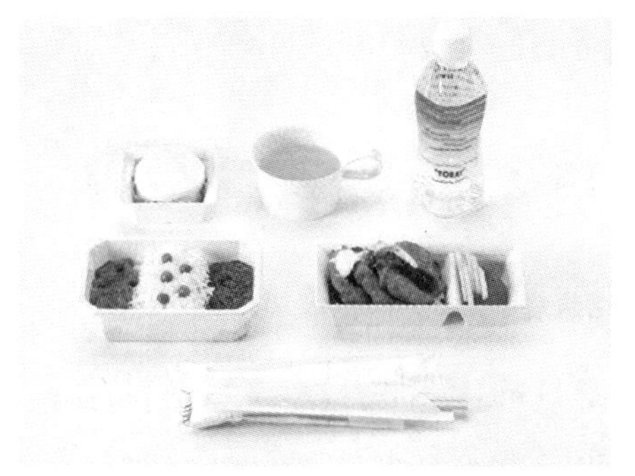

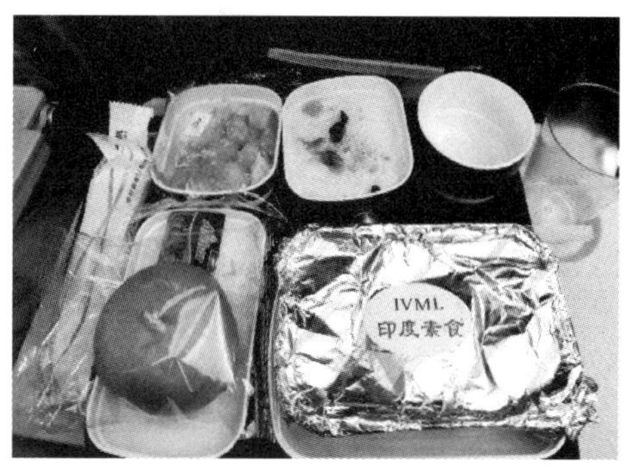

图 5－49　印度餐

七、素食

旅客可因宗教、节食、医疗或因简单的个人选择要求提供素食。但有些绝对素食主义者，不吃任何动物类食物，包括牛奶制品、蛋类。而有的可接受牛奶和蛋类制品，有的甚至可以吃鱼、海产品。因此乘务员应在无特殊餐食时为旅客及时配备。

西餐素食餐为西式烹调方法，可分为两种：

（1）蛋奶素食（不严格素食）（VLML）。不包括肉或海鲜及其制品。但包括日常的黄油、奶酪、牛奶和鸡蛋。蛋奶素食如图 5－50 所示。

图 5－50　蛋奶素食

（2）严格素食（VGML）。不包括肉、鱼、奶制品、鸡蛋、奶酪、蜂蜜及相关制品。可食用人造黄油。严格素食如图 5－51 所示。

图 5-51 严格素食

东方素食（ORVG）是按中国风味准备和烹饪的，不带有肉、鱼、奶制品或某些地下根茎类蔬菜，如生姜、大蒜、洋葱、大葱等。

印度素食也可分为两种：

（1）不严格印度素食（AVML）。印度风味辛辣素食不包括肉或海鲜，但包括有限的奶制品。大多数信奉印度教的旅客均选择此特殊餐。

（2）严格印度素食（IVML）。菜肴不含有肉、鱼、鸡蛋、奶制品、野味、海鲜或根茎蔬菜，如生姜、大蒜、洋葱和马铃薯。

八、糖尿病人的餐食（DBML，Diabetic Meal）

糖尿病人的餐食是为患有糖尿病的旅客提供的餐食。可包括低脂肪的红肉、多纤维的食物、新鲜蔬菜、水果、面包和谷类等。糖尿病人糖和所有甜食都不能吃，面包、米饭、面条、通心粉等可以吃，但只限少量，所有肉类、家禽、海鲜是可以吃的，但是做法要避免有甜汁，所有蔬菜和水果允许吃。在送糖尿病餐食时，同时要送低脂肪含量的饮料或果汁、茶、咖啡、矿泉水、葡萄酒，有时含酒精饮料允许喝。糖尿病餐食如图 5-52 所示。

图 5-52 糖尿病餐食

九、其他特殊食品及表示方法

为满足旅客遵医嘱而节食或禁食等特殊需要，还有多种食品可供选择。特殊餐食代码见表 5-2。

表 5-2 特殊餐食代码

肝/胆病人食品	LGML
胃病人餐	GCML
低苏打含量，无盐餐	LSML
无谷物餐食	GFML
流食	LIET
低胆固醇，低脂肪餐	LFML
高纤维餐	HFML
低热量餐	LCML
低蛋白餐	LPML

十、特殊餐食提供时的注意事项

旅客需在飞机起飞前至少 24 小时提出要求。

食品公司根据“特殊食品通知单”提供餐食，并在特殊餐食上做好相应的标记。厨房乘务员收到特餐后，主动报告带班乘务长，并将特殊餐食单独保管。乘务长接到特殊餐食单后，将订餐旅客的座位号、餐食种类通知该区域的乘务员。区域乘务员根据所得到的信息，再次确认特餐旅客的位置，开餐时应先于其他旅客提供特餐。婴儿用餐时，乘务员视情况待婴儿用餐完毕再提供其监护人餐食。

边学边练

每 5 位学生为一组，其中 1 人扮演乘务长，其余 4 人扮演乘务员进行餐饮服务练习。

操作 1：饮料车和餐车摆放；

操作 2：送餐前饮料；

操作 3：送餐；

操作 4：加水；

操作 5：收餐；

操作 6：细微服务；

操作 7：对餐食的建议。

合作实训

4～5 位学生一组，扮演乘务组成员，其他学生观摩学习，思考遇到如下问题时该如何应对和回复。

1. 饮料服务时，旅客要的橙汁发完了，应如何办？

你的回复A：______

你的回复B：______

2. 在饮料服务时，不小心将水洒在旅客身上，怎么办？

你的回复A：______

你的回复B：______

3. 旅客在餐食中发现有一只蟑螂，怎么办？

你的回复A：______

你的回复B：______

你的回复C：______

你的回复D：______

项目总结

本项目讲述了空中实施阶段的餐饮服务，主要包括饮料服务、经济舱餐食服务。通过对本项目的学习，学生了解了饮料和餐食的分类，掌握了各类饮料和餐食及特殊餐食的服务流程和操作，能够在空中餐饮服务过程中运用所学知识为旅客提供更好的服务。

◆项目检测

一、单选题

1. 在厨房和客舱服务工作中，乘务员应注意“三轻”，即（　　）。

A. 走路轻　B. 说话轻　C. 动作轻　D. 全选

2. 使用餐车供餐时，正确的拿取方法是（　　）。

A. 从上至下　B. 从下至上　C. 中间开始　D. 没有规定

3. 下列服务顺序错误的是（　　）。

A. 先外后里　B. 先里后外　C. 先女后男　D. 先上级后下级

4. 乘务员为旅客倒饮料时，应倒至杯子的8成位置。（　　）

A. 是　B. 否

5. 为普通舱旅客供应正餐时，正确的供应方法是（　　）。

A. 先送冷盘，后送热食　B. 先送热食，后送冷盘

C. 冷盘、热食一起送　D. 全选

6. 送餐时，如有旅客正在睡觉，正确的做法是（　　）。

A. 叫醒旅客，及时送餐

B. 提供睡眠卡，记下座位号，等其醒后说明、补送

C. 不要打扰，不送也可

D. 直接放在小桌板上

7. 用餐车送餐时，餐车上热食的摆放高度不超过（　　）层。

A. 2　　B. 3　　C. 4　　D. 5

8. 送餐食及服务用品时，应比旅客人数多准备一份。（　　）

A. 是　　B. 否

9. 在旅客满座的情况下，回收餐盒、杯子可使用大垃圾袋去客舱收取。（　　）

A. 是　　B. 否

10. 餐车上的热食以隔架隔放为宜，高度一律不许超过两盒。（　　）

A. 是　　B. 否

11. 遇有旅客暂不用餐，补送时餐盒需用托盘送出。（　　）

A. 是　　B. 否

12. 当给旅客送东西时，不应在旅客头部或后面递送。（　　）

A. 是　　B. 否

13. 当发现飞机上有旅客将餐盘拿走，为了不得罪旅客，可装作没有看到。（　　）

A. 是　　B. 否

14. 在给旅客提供饮料服务时，带气的饮料不要倒得过猛；需加冰块时应先倒饮料再加冰块。（　　）

A. 是　　B. 否

15. 当乘务员在巡视客舱中无意撞到C座的旅客，由于当时乘务员手中有东西，因此可边走边对旅客说“对不起”。（　　）

A. 是　　B. 否

16. 在水车上摆放饮料时，可以将罐装饮料叠放在一起，因为这样可以节省空间，多放一些品种。（　　）

A. 是　　B. 否

17. 在摆放水车时，杯子的高度以不超过大罐饮料的高度为宜。（　　）

A. 是　　B. 否

18. 当个别旅客提出要水时，可以直接用手拿杯子去送，只不过杯子下最好垫小毛巾。（　　）

A. 是　　B. 否

19. 当一部餐车只有一名乘务员为旅客提供服务时，乘务员在餐车的前后都可以，并且当旅客提出个别要求而需回服务台拿取物品时可将餐车踩住刹车而自己回服务台去拿。（　　）

A. 是　　B. 否

20. 用大托盘收餐时，应将餐盒与杯子和饮料罐一同回收，而且可将饮料罐放入杯

子中。（　　）

A. 是　　　　B. 否

二、多选题

1. 为旅客倒饮料时，不应该倒至杯子的（　　）分满。

A. 5　　　　B. 6　　　　C. 7　　　　D. 9

2. 下列属于“三轻”内容是（　　）。

A. 走路轻　　　　B. 说话轻　　　　C. 动作轻　　　　D. 以上都不是

3. 下列服务顺序正确的是（　　）。

A. 先外后里　　　　B. 先里后外

C. 先女后男　　　　D. 先上级后下级

4. 乘务员在为旅客递送饮料时，不应该拿杯子的（　　）处，提供热饮时应提醒旅客小心烫手。

A. 上 1/3　　　　B. 杯口　　　　C. 下 1/3　　　　D. 以上都不是

5. 饮料服务前应先供应（　　）。

A. 纸巾　　　　B. 果仁、饮料　　　　C. 果仁　　　　D. 饮料

三、判断题

1. 飞机下降时，乘务员应将咖啡壶里的余水和渣子倒掉，不用冲洗干净。（　　）

2. 乘务员打扫洗手间时，不必脱下围裙。（　　）

3. 乘务员给机组左右驾驶员送餐饮，不得同时传递 2 个餐盒以上叠落的餐盘，送餐饮要远离中央操纵台。（　　）

4. 不使用餐车时，应确保餐车归位、锁定。（　　）

5. 为了方便乘务员工作，垃圾箱盖板可以长时间处在打开位。（　　）

四、简答题

1. 简述犹太教餐食服务。

2. 为旅客提供早餐、午餐、晚餐的时间分别是什么时候？

3. 简述红、白葡萄酒供应的注意事项。

4. 简述红茶的服务流程。

项目六 特殊旅客服务及管理

情境引入

2018 年 9 月 18 日，乘务员丽丽在做航前准备时接到通知，当天执行的广州至上海虹桥的航班上有一位双目失明的特殊旅客。特殊旅客登机时，丽丽从地面服务人员手中接过这位旅客并进行称呼问候。她迅速在特殊旅客信息中了解该旅客的座位信息、乘机偏好等，将准备好的毛毯、枕头等用品主动提供给特殊旅客。飞行中，她征询了旅客对用餐时间的要求，并在旅客休息时为他调整好客舱温度，以营造安静的环境。旅客醒来后主动搀扶他上洗手间，给他送上插有吸管的饮料。落地后，丽丽搀扶特殊旅客下机，并与地面服务人员完成旅客交接工作。

项目目标

知识目标：

- 了解特殊旅客的定义和分类；
- 了解特殊旅客的承运规则；
- 了解特殊旅客的座位安排；
- 了解航后讲评内容及重要性；
- 了解民航乘务员职业标准。

技能目标：

- 能够熟练掌握不同类型特殊旅客的心理特点及服务要点；
- 能够熟练掌握特殊旅客服务的流程；
- 能够掌握特殊旅客的交接工作；
- 能够掌握落地后旅客不安全行为及处置。

素养目标：

- 培养积极进取、细致周到的职业素养；

➢ 培养创新意识、责任意识和服务意识；
➢ 培养团队凝聚力、执行力。

任务一　需要照顾的特殊旅客

任务描述

特殊旅客是由于某种原因需要在航班中给予特殊照顾的旅客，他区别于普通旅客，因此乘务员应该掌握特殊旅客的服务技能。通过本任务的学习，学生应了解无成人陪伴儿童、孕妇旅客、婴儿旅客、病残旅客和重要旅客的心理特点和服务要点等。

活动一　服务无成人陪伴儿童

无成人陪伴儿童指已满5周岁（含）未满12周岁，且无家长或18周岁以上具有完全民事行为能力的成人旅客在同一物理舱位陪伴的儿童。单独乘机的儿童也就是通常所说的“儿童托运”。此类儿童必须办理无成人陪伴儿童运输的相关手续，方可接受运输。无人陪伴证件资料袋如图6-1所示。

图6-1　无人陪伴证件资料袋

一、无成人陪伴儿童的心理特点

无成人陪伴儿童好奇心较重，对陌生事物比较感兴趣，活泼爱动；对于首次乘机的无成人陪伴儿童来说他们害怕，自理能力较差，做事不考虑后果。因此，在为无成人陪伴儿童服务时，乘务员要特别注意他们的安全，最好让他们坐在离乘务员比较近的位置，以方便照看。与他们沟通时要多引导和劝阻，需要保持亲切的态度。

二、无成人陪伴儿童的承运规定

(1) 无成人陪伴儿童必须由儿童的父母或监护人陪送到上机地点，并在儿童的下机地点安排人迎接和照料。其乘机的申请应在航班起飞日前一星期提出，否则不予受理。

(2) 在直达航班上可接受 5 周岁至 11 周岁无成人陪伴儿童运输，联程航班可接受 8 周岁至 11 周岁无成人陪伴儿童运输。过夜的联程航班不接受无成人陪伴儿童的运输。

(3) 在国内航线运输 5 周岁和 5 周岁以上至 12 周岁以下的无成人陪伴儿童时，一般按成人票价的 50%购买儿童票；国际航线运输的年龄在 8 周岁以下的无成人陪伴儿童通常按成人票价购买客票。

(4) 填写无成人陪伴儿童客票时，需要在“旅客姓名栏”儿童姓名后缀“UM”字样，并加上儿童年龄。

(5) 无成人陪伴儿童不可安排在出口座位处，座位必须已经确认。每个航班按机型限定可接收的无人陪伴儿童人数见表 6－1。

表 6－1 按机型限定无成人陪伴儿童人数

机型	B737	B757	A320	A330
人数	3	4	3	4

三、无成人陪伴儿童的服务要点

一般而言，在飞行中照顾无成人陪伴儿童时应做好以下工作：

(1) 无成人陪伴儿童登机前，由地面工作人员填写“无成人陪伴儿童空中飞行记录”等文件，然后将无成人陪伴儿童的机票、乘机申请书及旅行证件等运输凭证放入无成人陪伴儿童胸前的文件袋里。

(2) 无成人陪伴儿童登机时，由地面工作人员把儿童送上飞机，并向乘务长介绍其情况。乘务长应检查无成人陪伴儿童资料袋，核对其手提行李、交运行李牌等物品，确认无误后在签收单上签名。

(3) 将儿童安排在乘务员方便照顾的座位上。在飞机起飞或下降前，乘务员应在儿童腹部垫一条毛毯后为其系好安全带。

(4) 旅途中，乘务长应指定一名乘务员主要负责照管儿童。为儿童送上儿童读物或玩具；及时了解儿童的冷暖，为其增添衣物；尽量为其提供果汁类冷饮，如果提供热饮，以半杯为宜且不宜过烫；用餐时刻帮助其分餐，让其尽量使用勺，避免使用刀叉等尖利餐具；应禁止儿童进入厨房或在客舱过道来回走动，以避免其受伤。

(5) 飞机降落前，应唤醒正在睡觉的儿童以避免压耳；整理归纳好儿童的行李物品，帮助其穿好衣物，填写好“无成人陪伴儿童飞行记录”。如是国际航班，还需要帮助填写好入境单和海关申报单。

(6) 航班到达目的地后，由乘务长将儿童及其随身物品、相关资料移交给地面工作人员，做好交接手续，并如实反映无成人陪伴儿童的空中飞行情况。由地面工作人员将儿童交给来接旅客并说明情况。

（7）航班结束后，做好无成人陪伴儿童的服务总结及点评，为下一次航班服务提供经验分享。

特殊旅客服务通知单见表 6－2。

表 6－2　特殊旅客服务通知单

PASSENGER SPECIAL SERVICE INFORMATION LIST

<table>
<tr><td colspan="2">上机站
Station</td><td colspan="2">航班号
Flight No.</td><td colspan="2">日期
Date</td><td colspan="2">机号
Aircraft No.</td></tr>
<tr><td>旅客姓名
Passenger Name</td><td>目的地
Dest</td><td>座位号
Seat No.</td><td>重要旅客
VIP</td><td>无成人陪伴儿童
UM</td><td>病残旅客
SP</td><td>特别餐食
SPML</td><td>其他
OTS</td></tr>
<tr><td></td><td></td><td></td><td></td><td></td><td></td><td></td><td></td></tr>
<tr><td></td><td></td><td></td><td></td><td></td><td></td><td></td><td></td></tr>
<tr><td></td><td></td><td></td><td></td><td></td><td></td><td></td><td></td></tr>
<tr><td></td><td></td><td></td><td></td><td></td><td></td><td></td><td></td></tr>
<tr><td colspan="8">说明：</td></tr>
<tr><td colspan="2">地面值机员：</td><td colspan="3">地面服务员：</td><td colspan="3">客舱乘务员：</td></tr>
</table>

活动二　服务孕妇旅客

一、孕妇旅客的心理特点

孕妇旅客由于其行动不方便，上下飞机时需小心谨慎。在飞行中害怕热、容易害羞，不会主动要求乘务员帮忙，不愿意麻烦乘务员。因此，在为她们服务时，乘务员要特别关注孕妇旅客的心理感受，最好悄悄地帮助她们，让她们感到安全和温暖。

二、孕妇旅客的承运规定

在高空飞行中，由于空气中氧气成分相对减少、气压降低，因此孕妇运输需要有一定的限制条件。建议孕妇在安排行程前征询主诊医生的意见，并且建议所有怀孕的旅客随身携带注明预产期的证明文件。孕妇必须符合运输条件并经承运人同意，方可乘坐飞机。

（1）怀孕 32 周或不足 32 周的孕妇乘机，除医生诊断不适宜乘机者外，按一般旅客运输。

（2）怀孕超过 32 周的孕妇乘机，一般不予接受。如有特殊情况，怀孕超过 32 周、不足 36 周的孕妇乘机，订座前必须向航空公司提出申请，并提供包括下列内容的医生诊断证明：旅客姓名、年龄、怀孕时间、旅行的航程和日期、是否适宜乘机、在机上是否需要提供其他特殊照料等。

（3）怀孕超过 9 个月（36 周），预产期在 4 周（含）以内，或预产期不确定但已知为多胎分娩或预计有分娩并发症者，不予接受运输。

孕妇旅客乘机如图 6－2 所示。

图 6－2 孕妇旅客乘机

三、孕妇旅客的服务要点

一般而言，乘务员在服务孕妇旅客的时候应做好以下几点：

(1) 乘务长和地面工作人员做好“特殊旅客交接单”的交接工作。确认无误后方可在“特殊旅客交接单”上签名，并指定专人负责孕妇旅客的服务。

(2) 乘务员主动帮助孕妇旅客提拿、安放随身携带物品，注意调节通风口，主动介绍客舱的服务设备（呼唤铃、通风口）、服务设施、洗手间的位置和使用方法。

(3) 将孕妇安排在适当的座位，不能安排在紧急出口处，了解孕妇的情况是否符合乘机规定；起飞和下降前为孕妇在小腹下部垫一条毛毯或枕头，将安全带系在大腿根部，并示范解开的方法。

(4) 了解孕妇的饮食习惯，主动沟通，不断了解其需求，尽量让其舒适。

(5) 对孕妇应多提供清洁袋，主动询问孕妇乘机感受，随时给予照顾。

(6) 乘务员帮助孕妇旅客整理好随身携带物品，穿好衣服。

(7) 下机时，乘务员应主动帮助其提拿行李物品，送她下机。

(8) 必要时应将其情况向地面工作人员交接。

需要注意的是，若遇孕妇旅客即将分娩，乘务员应广播找医生寻求帮助并及时报告机长，采取相应措施。要尽快将孕妇安排在与旅客隔离的位置，关闭通风孔。乘务员根据所学的急救分娩知识，做好消毒工作，做好飞机备降的准备及交接工作。

活动三 服务婴儿旅客

出生已满 14 日未满 2 周岁的婴儿乘坐飞机时应有年满 18 周岁具有完全民事行为能力的成人旅客陪伴同行。基于安全方面的考虑，出生不足 14 天的婴儿不接受乘机。

一、婴儿旅客的心理特点

由于新生婴儿抵抗力差，呼吸功能不完善，飞机起飞、降落时因气压变化大容易对其造成伤害，因此航空公司规定婴儿旅客（出生超过 14 天、不满 2 周岁的旅客）必须有年满 18 周岁以上的成人随行；严禁安排在出口座位，尽量安排在过道、前舱座位；为保证紧急情况下婴儿的用氧，婴儿必须被均匀分布在客舱中有备份氧气面罩的座位处。

二、婴儿旅客的承运规定

婴儿旅客不单独占用座位，必须由其陪护人抱着。客舱的每排座位只允许安排一名婴儿旅客，因此每一个航班接受婴儿旅客的数量应少于该航班机型的总排数。

三、婴儿旅客的服务要点

（1）旅客登机时，乘务长事先指定一名乘务员帮助带婴儿的旅客提拿物品，为其妥善安排好随身携带物品（事先提醒旅客将婴儿要用的物品取出，放在便于拿取的位置），主动介绍抱婴儿的正确方法（婴儿的头部应朝向客舱壁处）。

（2）旅客入座后，乘务员应主动介绍客舱内服务设备的使用、洗手间的位置及为婴儿换尿布的设备。

（3）飞机平飞后，在有条件的机型可挂好摇篮，调整好通风器，注意不要让通风口直接对着婴儿及其监护人。为婴儿提供餐食时应与监护人沟通，如冲奶粉、有无特殊要求等；提醒监护人注意小桌板上的饮料和热食，避免滑落。

（4）下降时，乘务员告诉带婴儿的旅客唤醒婴儿，以免压耳。

（5）航班到达后，帮助带婴儿的旅客整理好随身携带物品并帮助提拿送下飞机。

活动四　服务病残旅客

病残旅客指由于身体或精神的缺陷或病态，在航空旅行中不能自行照料自己的旅途生活，需要由他人帮助照料的旅客。主要包括轮椅旅客、盲人旅客、聋哑旅客等。这些旅客原则上均应先上飞机，最后下飞机。不要触碰残疾患病部位，不要伤害他们的自尊心。聋哑旅客如图 6－3 所示。

一、病残旅客的心理特点

一般而言，病残旅客自尊心较强，不会主动要求乘务员帮忙，不愿意被别人视为残疾人，尤其介意别人用同情的目光看他们。因此，在为他们服务时，乘务员要特别注意尊重他们，最好悄悄地帮助他们，让他们感到温暖。

二、病残旅客的承运规定

（1）病残旅客购票应持有一式三份的医生诊断证明书。

（2）医生诊断证明书在航班起飞前 96 小时内填开有效，病重者起飞前 48 小时内填开有效。

（3）病残旅客乘机，原则上由医生或护理旅客陪同，以便旅途中照顾旅客。

（4）病残旅客不能坐在出口座位，且在同一排座位上不能安排两名病残旅客。

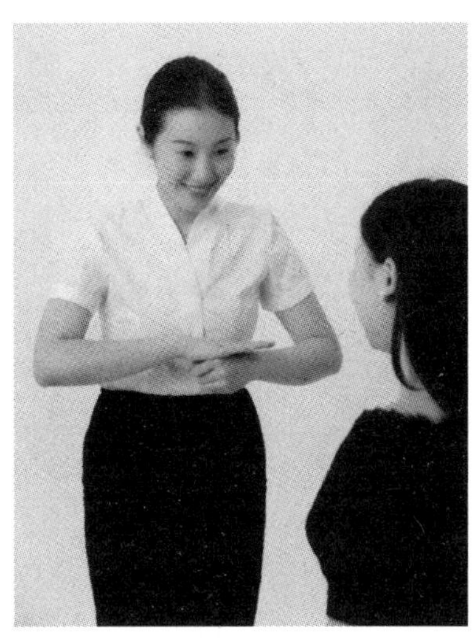

图 6-3 聋哑旅客

(5) 航班到达后，有病残旅客需要地面旅客接机时，乘务长应将信息报告机长，由飞行机组在落地前联系地面工作人员落实好接机工作。

三、病残旅客的服务要点

(一) 轮椅旅客

一般而言，乘务员在服务轮椅旅客的时候应做好以下几点：

(1) 轮椅旅客要优先其他旅客登机，尽量安排在靠过道的座位上。主动搀扶可以行走的轮椅旅客上机，帮助其提拿、安放行李及轮椅，协助其就座并为其系好安全带；严重者由地面工作人员直接护送并安置到座位上。

(2) 自带的折叠轮椅，旅客应在办理登记手续时进行交运，如乘务长在机舱门口发现旅客自带轮椅，要及时通知地面工作人员存放到货舱。

(3) 飞行中，如果轮椅旅客用餐、上洗手间等有困难，应主动、细心地给予照顾。

(4) 飞机下降前，乘务长应通知地面工作人员准备轮椅，并根据情况决定是否需要使用升降车；乘务员要帮助旅客整理好随身物品，告知其下机后的相关事宜。

(5) 下机时，要主动搀扶可以行走的轮椅旅客到舱门处，协助其坐上轮椅，并与地面工作人员做好交接。

轮椅旅客服务如图 6-4 所示。

(二) 盲人旅客

盲人旅客指有双目失明缺陷的旅客。服务时需要做好以下几点：

(1) 盲人旅客上机时，乘务员应主动上前做自我介绍，让旅客拉着乘务员的手臂，不断提醒前后左右等方向。

(2) 盲人旅客就座后，帮助其安放手提物品，系好安全带并讲解解开的方法。如旅客随身带有导盲犬，可放在盲人旅客座位的前面，将导盲犬的头朝向走廊。

(3) 乘务员主动向盲人旅客介绍紧急设备的方向、位置及使用方法，触摸各种服

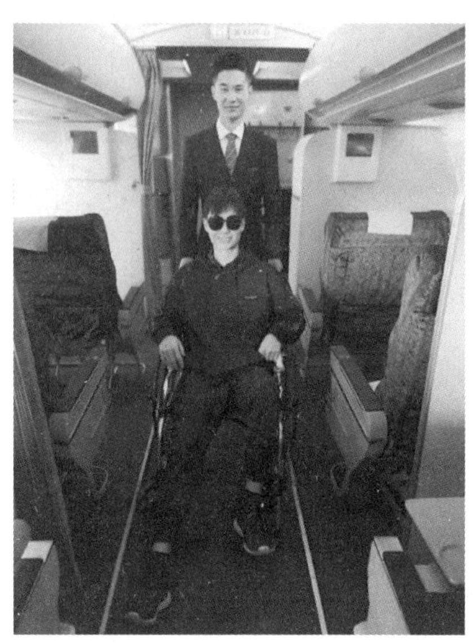

图 6-4　轮椅旅客服务

务设备的位置，并教会其使用。

(4) 飞行中，乘务员为盲人旅客供应餐食和饮料时，可将餐盘比做时钟，把餐盘内的各种食物的位置告诉盲人，告诉旅客从哪个位置开始食用，并提醒哪一种是烫的。可由专人负责，经常询问盲人旅客的需求。

(5) 下机时了解盲人旅客到站是否有人来接，主动送下飞机，交代地面工作人员给予照顾。

主动迎接盲人旅客如图 6-5 所示，引导盲人旅客入座如图 6-6 所示，向盲人旅客介绍服务设备如图 6-7 所示，盲人旅客休息如图 6-8 所示，睡眠卡如图 6-9 所示，特殊服务申请书如表 6-3 所示，病残旅客分级如表 6-4 所示。

图 6-5　主动迎接盲人旅客

图 6-6　引导盲人旅客入座

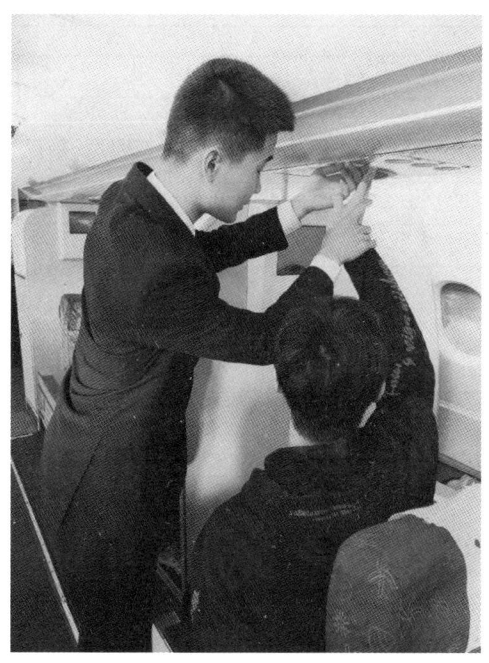

图 6-7　向盲人旅客介绍服务设备

图 6-8　盲人旅客休息

尊敬的嘉宾:
刚才您在休息，如您现在需要餐饮服务，请按呼唤铃。谢谢!

Dear Passenger:
You were resting just now. If you need anything to eat or drink, please press the call button. Thank you!

お客様へ:
先程はお休みになられていらっしゃいましたので、お食事やお飲み物等、御用の際には、コールボタンでお申し付け下さい。

Cher Madame ou Monsieur,
Nous n'avons pas vous dérangé tout à l'heure quand vous preniez un repos.Si vous avez besoin d'un service, appuyez la sonnette, S.V.P.!

图 6-9　睡眠卡

表 6-3　特殊服务申请书

旅客姓名		性别		年龄		日期	
服务项目		证件号码					

始发站	目的地	航班号	座位号	托运行李	随身行李

航站	接送人姓名	地址、电话	备注

旅客亲属姓名、地址、电话

值机员　　　　服务员　　　　乘务员

表 6-4　病残旅客分级

序号	项目	描述
1	WCHR	轮椅旅客（能自行上下飞机，并在机舱内可走到自己的座位上）
2	WCHS	轮椅旅客（不能上下飞机，但在机舱内可走到自己座位上）
3	WCHC	轮椅旅客（不能自己行动，需要搀扶或抬着才能进到机舱内座位上）
4	BLND	盲人
5	DEAF	聋哑人
6	MEDA	严重疾病患者
7	STCR	担架旅客

（三）聋哑旅客

（1）当聋哑旅客登机后，乘务员应主动向他们示意安全带的使用方法，以及座椅调节按钮、阅读灯、呼叫铃、洗手间的位置。

（2）在飞行中，由于聋哑旅客听不到客舱广播，因此乘务员要将如延误或改航班等重要信息通过手语或书面形式告知旅客。

（3）供餐前，提前为聋哑旅客写好餐食或饮料的品种，供其选择。

（4）飞机下降前，乘务员以书面形式告知聋哑旅客到达目的地的时间、目的地温度及下机相关事宜。

（四）严重疾病患者

（1）上肢伤残旅客上、下飞机时，乘务员要主动帮助其提拿和安放随身携带物品。主动搀扶，护送旅客至座位。

（2）乘务员主动递送书报杂志，协助其穿、脱衣服。

(3) 飞行中，在供应饮料和餐食时，帮助其放好小桌板，在征得同意后，要帮助其将肉类食物、水果切成小块，让旅客用叉子吃。

(4) 在长途旅行中，应经常让患有关节炎的旅客站立或活动一下患病部位，并主动送上毛毯保暖。如果旅客未随身携带轮椅，由机组提前与地面联系轮椅，方便旅客下飞机。

(五) 担架旅客

(1) 担架旅客乘机时，乘务员要事先了解其病症、到达站、有无医务旅客或家人陪同，担架是否随机及有无特殊要求等。

(2) 担架旅客先上飞机。如担架随机，乘务员协助将病人和担架安排在不影响过往通道的适当位置。如担架不随机，要在座椅上铺垫毛毯、枕头，根据病情让病人躺卧。帮助其系上安全带，让病人头朝机头方向，下降时用枕头或毛毯垫高头部或根据病人情况可将头部朝机尾方向。

(3) 飞行中乘务长指定专人负责，经常观察，询问病情，根据情况妥善照顾。

(4) 下降时，提醒病人防止压耳，躺好，陪同人员扶稳病人和担架。

(5) 下机时，了解到达站有无车接。到站后，让病人最后下飞机，协助整理、提拿手提物品，护送病人下机上车。

注意：担架旅客必须由至少一名医生或护理旅客陪同，经医生证明，病人在旅途中不需要医务护理的也可由其家属陪同；被运送的担架旅客及其陪同旅客应签订保证书，保证在发生紧急撤离情况时，不能先于其他旅客撤离，如发生意外，航空公司概不负责。

活动五 服务重要旅客

重要旅客（VVIP、VIP）是指有较高身份、地位和知名度，在相关国家和地区或者对航空公司本身等有较大影响力的人物，或者是与航空公司关系密切的政府、企事业单位的决策人，也称为要客或者贵宾。重要旅客通知单见表 6-5。

表 6-5 重要旅客通知单

重要旅客：	
航班号：	日期：
目的站：	
旅客姓名：	
职务：	
VIP 座位：	
同行人员座位：	
送单员签字：	

一、重要旅客的心理特点

一般而言，重要旅客更注重环境的舒适性和接受服务时的心理感受。他们的自尊心强、自我意识强烈，希望得到尊重。同时，由于他们乘坐飞机的机会比较多，在乘机过程中会有意无意地对机上服务进行比较，希望得到个性化、更精细的服务。

二、重要旅客的服务要点

（一）旅客登机前信息获取

（1）在机组准备会时乘务长和组员分享已经收到的旅客信息，包括旅客的姓名、职务、爱好、宗教信仰和禁忌等，根据移动客舱设备记录旅客的服务特点，将相关内容传达给组员，并指派专人做好一对一的服务。

（2）关机门前，再一次刷新移动客舱设备，以获取重要旅客最新信息。

（二）服务准备

（1）根据移动客舱设备提供的旅客餐饮喜好，确认相关机供品的配备，做好餐饮偏好服务准备。

（2）确认座椅设备、娱乐设备完好，客舱环境整洁，温度、灯光适宜。

（3）准备好毛毯、枕头、拖鞋、报刊、热毛巾与迎宾饮料。

（4）乘务组再次确认个人仪容仪表靓丽自然、精神饱满，乘务长和专人负责乘务员站在机门口处，迎接旅客上机，第一时间进行问候和引导旅客入座。

（三）旅客登机

1. 迎宾服务

（1）热情问候，如果是外籍旅客，用英文或旅客的母语进行问候。

（2）将旅客的行李从送行人员手中接下，协助合理安置并确认行李件数；确认旅客陪同人数和座位号。

（3）乘务长与地服人员做好交接，如地面是否已用餐等信息，确保地空服务衔接顺畅。

（4）引导旅客入座，及时为旅客提供姓氏称谓服务，乘务长适时地做自我介绍，并代表整个机组向旅客表达欢迎之意。

2. 自我介绍问候服务

专人负责乘务员主动向重要旅客进行自我介绍，并送上旅途祝福与问候，以表达欢迎和尊重。

3. 预选餐食服务

主动为入座两舱的重要旅客提供餐谱和酒水单，并介绍餐食内容。

根据移动客舱设备或地服人员提供的特殊餐信息，征求其意见，确定预选的品种，询问旅客餐饮享用时间，并做好记录。

（四）飞行实施阶段

1. 餐饮服务

（1）根据旅客的实际需求或征求随行人员的意见调整供餐时间。

（2）优先于本舱位其他旅客，为重要旅客提供餐饮服务。

（3）用餐完毕，乘务员征询旅客对餐饮和服务的意见。

（4）对于入座经济舱的重要旅客可指定一名乘务员为其提供一对一的服务，关注其动态，及时满足服务需求，乘务长也应在服务的各个环节对其进行关注。

2. 增值服务

（1）根据移动客舱设备提供的旅客生日信息，为当天生日的重要旅客送上生日贺卡、蛋糕、红酒等以示庆贺，并送上对其的美好祝愿。

（2）重要旅客生日当天可给予本人或随行人员一次免费升舱机会。

（3）旅客信息收录时应细心观察，收集旅客餐食、饮料、读物、爱好等相应的基本信息、偏好信息，并录入移动客舱设备。

3. 道别服务

（1）得到预计到达时间的当地天气状况后，及时告知重要旅客，征求其对服务的意见与建议，并表示感谢。

（2）与旅客沟通，征询外套的归还时间（下降时或是飞机停稳后）。归还时，应将衣服双肩对折并微笑着双手递上。

（3）如果旅客在休息，安全检查时轻声唤醒旅客，并送上热毛巾和饮料，向旅客致谢、道别。

（五）飞机停稳后

（1）送客服务。

（2）安排旅客优先于同一舱位其他旅客下机。

（3）主动帮助旅客提拿行李并确认件数，与地服人员做好交接工作。

（4）航班不正常时，如果旅客需要转机，开门后及时将需要中转的旅客信息交接给地服人员。

任务二　需要特别关注的旅客

任务描述

通过本任务的学习，学生应了解老年旅客、晕机旅客、睡觉旅客、遗失物品旅客、遣返及在押旅客的心理特点和服务要点。这些服务能体现航空公司的服务水平和服务特色，让旅客感受到家的温暖。

活动一　服务老年旅客

一、老年旅客定义

老年旅客是指年龄超过65周岁的旅客。对于行动不便、不需要借助轮椅的老年旅客，可以参照无成人陪伴儿童的运输程序予以承运，应与无成人陪伴儿童合并计数；对于身体虚弱、需要由轮椅代步的老年旅客，应视同病残旅客给予适当的照顾。

二、老年旅客的心理特点

老年旅客通常思维迟缓、记忆力减退、对事物反应慢、应变能力差，但是老年旅客的情绪一般比较稳定，不易过分欢喜和发愁；在性格上，有的深沉孤僻，有的开朗健谈。

有些老年旅客既有较强的自尊心，又有很深的自卑感。尽管他们嘴上不说，但是内心是需要别人的关心和帮助的。在外国旅客中，老人的自主意识较强，通常自己提拿行李，不愿意别人给予过多的帮助。

三、老年旅客的服务要点

（1）为老年旅客服务时，应适当提高音量，讲话速度要放慢，更耐心、更主动，但不能使他们感到有心理压力。

（2）登机时，要热情搀扶老年旅客，主动帮助其提拿、安放随身物品并安排座位，但是不要强行搀扶那些不愿意被帮助的老年旅客。

（3）在乘机过程中，老年旅客最关心的就是安全问题；另外，他们还害怕飞机起降带来的不适感。乘务员应提前向他们介绍乘坐飞机旅行的常识，在关键时刻提前告诉他们注意事项，并尽可能地守护在他们身边，以消除他们的恐惧。

（4）入座后，主动介绍客舱设备，要对呼唤铃、清洁袋、卫生间、遮光板做特别说明；老年旅客使用的手杖应紧贴机舱壁板放在座椅下，或由乘务员妥善保管，同时需做好解释工作，避免其产生不安；主动提供毛毯，帮助旅客把腿部盖好并适当垫高下肢，协助其系好安全带。

（5）供餐时，主动介绍并提供一些清淡、易于消化、容易食用的餐食；提供饮料时，要根据其习惯介绍低糖饮料和热饮，介绍饮料种类时注意提醒其哪些含有糖分。

（6）飞行中要主动询问是否需要帮助，工作空闲时多与他们交谈，以消除其旅途中的寂寞；老年旅客容易产生腿脚肿胀、手脚麻木等不适现象，可视情况提供拖鞋或协助其离座活动，但要注意安全。

（7）老年旅客听不清机上广播时，要主动告知其飞行时间、距离以及现在飞机的状态等；老年旅客使用洗手间时，要及时归还其手杖，主动搀扶并为其打开门，铺好马桶垫纸，介绍冲水按钮等。

（8）飞机下降前，要告诉他们预防压耳的方法，并帮助其整理好随身物品。

（9）主动搀扶老年旅客下机，交代地面工作人员给予照顾。

活动二　服务晕机旅客

一、晕机旅客症状

（1）头晕、心慌、恶心、面色苍白、出冷汗。

（2）不想吃东西。

（3）严重者嘴唇发青、发麻，甚至出现意识模糊。有些人表现得害羞，不愿让人知道和注意（特别是年轻的男性旅客）。

二、晕机旅客服务要点

（1）主动上前招呼，轻声询问乘机前的情况，有无晕机史，安慰并分散其注意力。

（2）建议旅客松开领带、腰带、安全带，调整好通风器和座椅靠背，让旅客休息，介绍并打开清洁袋。

（3）旅客呕吐时可在旅客后背自下往上推，并及时更换清洁袋，送上热毛巾、温开水，必要时可提供晕机药，晕机药最佳服用时间为起飞前三十分钟至四十分钟，提供前旅客应在《应急医疗设备和药品使用知情同意书》上签字（配备在乘务长箱包内）。

（4）晕机旅客呕吐后，及时提供温开水和小毛巾，并更换清洁袋。及时擦拭弄脏的衣服、行李和地毯。如果座椅被弄脏了，有条件时可为旅客调换座位，没有空座位时，应将座位擦拭干净后铺上毛毯再让旅客就座。可在周围喷一点香水。

（5）飞机落地后，若旅客呕吐在地毯、椅子上，应立即采取措施清洁或遮盖，避免影响到其他旅客下机；及时通知地面有关部门进行清洁。

晕机旅客如图 6－10 所示。

图 6－10　晕机旅客

活动三　服务睡觉旅客

航班中，旅客睡觉需要一个安静舒适的客舱环境，不愿被打扰。服务要点如下：

(1) 旅客睡觉时应调暗客舱灯光，适当调节客舱温度（20℃～24℃），注意“三轻”服务（说话轻、走路轻、动作轻）。

(2) 当旅客看书睡着了，应帮忙关闭阅读灯、通风口，放下遮阳板，轻轻为其盖上小毛毯。

(3) 为想睡而未睡的旅客放倒座椅，提醒旅客系好安全带。

(4) 供应品（如果仁、纸巾）可放在小桌板上，或交给同行者。饮料、餐食暂不送出，在旅客座椅前方贴上睡眠卡，在备忘录上记录，交代其他乘务员，并保留好餐食，等旅客醒后向其说明、补送。

睡觉旅客如图 6－11 所示。

图 6－11　睡觉旅客

边学边练

某航班餐饮服务后，乘务员在巡视客舱时发现睡觉旅客，乘务员应如何为睡觉旅客进行细微服务？

操作 1：每 2 人一组进行练习。1 人为乘务员，1 人为睡觉旅客。

操作 2：巡视客舱时，乘务员发现睡觉旅客后立即提供毛毯。

操作 3：按毛毯服务的要求和规范，为睡觉旅客提供毛毯服务。

操作 4：模拟结束后，睡觉旅客谈谈感受，指出不足之处。

活动四　服务遗失物品旅客

遗失物品的旅客一般心里焦急，迫切想找回自己的东西。

一、飞机关门前

(1) 了解清楚丢失物品的品名、丢失地点、颜色、大小、特征、旅客姓名、座位号等。

(2) 立即报告机长、乘务长，与地面工作人员联系，请他们帮助查找，找到丢失物品后，请旅客确认一下，当面交还失主。

(3) 旅客不能单独离开飞机去寻找物品，须由地面工作人员陪同。

二、飞机关门后

(1) 进一步了解旅客的地址、旅行目的地、联络方法等，并向旅客解释："飞机门已关，不可能下机寻找，机长会与地面工作人员联系帮助寻找，找到后我们将与您取得联系。"

(2) 经查询而未找到旅客的遗失物品，应首先道歉，并表示找到后会及时通知，始终以认真负责的态度体谅旅客的心情。

活动五　服务遣返及在押旅客

一、遣返及在押旅客定义

遣返旅客是指不能提供入境国所需有效的相关证件、证明或被入境国拒绝入境及被所在国责令随机返回出发地的旅客。

在押旅客是指被公安部门依法做出拘留、逮捕和收押的犯罪嫌疑人，被押解送往异地的特殊身份旅客。

二、遣返及在押旅客的心理特点

目前，遣返旅客多由目的地国家政府的相关机构（如移民局）交由航空公司负责其遣返的具体操作。如果遣返旅客此前有过违法犯罪行为，飞机上应配备安全员，全程监视其言行。

在押旅客多存在紧张、恐惧、压抑、孤独以及侥幸、敌对等心理特点，情绪冲动，行为上有的甚至故意破坏、寻衅滋事等，也有的沉默沮丧、焦躁不安。在旅途中，需要随时掌握在押旅客的心理变化，预测他们的行为，以保障飞行安全。

三、遣返及在押旅客的服务要点

(1) 乘务长确认并接收遣返旅客后，必须将遣返人员的相关信息向机长、安全员及乘务组人员做通报，提醒乘务组全体人员对该旅客实施全程监控。不要声张，不得将遣返及在押旅客的身份暴露给其他旅客；飞行中加强与安全员、押解旅客的沟通协作，密切关注遣返及在押旅客的动态；在运输过程中，要与公安部门配合。

(2) 不可将遣返及在押旅客安排在紧急出口、靠过道、靠窗口、靠近舱门旁的座位上，应安排在后舱中间座位上；将押解旅客安排在其邻座。

(3) 供餐时，不要向遣返及在押旅客提供金属刀叉、陶瓷、玻璃、钢制餐具等；尽量少提供饮料，禁止提供酒类、沸水饮品；提供餐饮前，事先征求押解旅客的意见。

(4) 飞行中，在服务上要对遣返及在押旅客一视同仁。关注其动态，做好安全防范，一般情况下，不得将其锁铐在座位或设备上；上卫生间时，安全员或押解旅客应陪同前往并确认其身上没有危险物品。

(5) 飞机降落前，乘务长报告机长，由机长通知地面边检部门来接遣返旅客；在押旅客的接机问题由乘务员与押解旅客沟通，必要时，由机长与地面相关部门联系。

(6) 遣返旅客下机后，由乘务长或安全员将其本人及护照等相关资料全部移交边检部门。

边学边练

在上海至齐齐哈尔的航班上，乘务员正带着甜美的笑容迎接旅客登机。乘务长与地面工作人员进行《特殊旅客服务通知单》的交接，本次航班除了2位老年旅客，还有1位盲人旅客、1位晕机旅客。

操作1：每4～5人一组进行迎客的准备。

操作2：每个小组选出1人为乘务长，其余同学为乘务员，同时请其他小组同学扮演地面工作人员1人、老年旅客2人、盲人旅客1人、晕机旅客1人。

操作3：每个组根据场景要求进行模拟，其他小组要认真观看，并做好记录。

操作4：模拟结束后，各组同学进行讨论，指出不足之处，并评选出表现最优秀的一组。

合作实训

4～5名学生一组，角色扮演，分别模拟乘务员和旅客，思考遇到如下问题时该如何应对和回复。

1. 盲人旅客上洗手间，你将如何解决？

你的回复A：______________________________

____

你的回复B：______________________________

____

2. 老年旅客在应急出口的位置上就座，你将如何解决？

你的回复 A：______________________________

____

你的回复 B：______________________________

____

3. 晕机旅客要呕吐，你应该如何服务？

你的回复 A：______________________________

____

你的回复 B：______________________________

____

4. 为盲人旅客介绍服务设备时，主要介绍哪些？不能介绍什么？

你的回复 A：______________________________

____

你的回复 B：______________________________

____

项目总结

本项目讲述了航班旅行中的特殊旅客服务，主要包括无成人陪伴儿童、孕妇、婴儿、病残旅客、重要旅客、老年旅客、晕机旅客、睡觉旅客、遗失物品旅客、遣返及在押旅客。通过对本项目的学习，学生了解了各类特殊旅客的心理特点，掌握了各类特殊旅客的服务要点，能够在航空运输过程中运用所学知识为旅客提供更好的服务。

项目检测

一、单选题

1. 客舱服务中应得到优先关照的是（　　）。

A. 公司职员　　B. 特殊旅客　　C. 外国来宾　　D. 妇女儿童

2. 尽可能将携带婴儿的旅客安排在__________的座位，不要将其安排在靠近__________的座位 。（　　）

A. 可挂婴儿摇篮；紧急出口　　B. 中间；走廊

C. 前排；紧急出口　　D. 前排；走廊

3. 轮椅旅客的三种不同代码是（　　）。

A. STCR、MEDA、WCHC　　B. BLND、MEDA、DEAF

C. BLND、WCHC、DEAF　　D. WCHR、WCHC、WCHS

4. 担架旅客的代码是（　　）。

A. STCR　　B. MEDA　　C. WCHR　　D. DEAF

5. 病残旅客代码 STCR 相对应的中文名称叫（　　）。

A. 盲人旅客　　B. 担架旅客　　C. 聋哑旅客　　D. 轮椅旅客

6. 轮椅旅客要（　　）。

A. 优先登机、优先下机　B. 优先登机、最后下机

C. 最后登机、最后下机　D. 最后登机、优先下机

7. 每一航班上（　　）。

A. WCHS、WCHC 各限两名　B. WCHS、WCHC 不受限制

C. WCHR、WCHS 各限一名　D. WCHS 或 WCHC 只限两名

8. UM 英文单词的正确拼法是（　　）。

A. Unaccompanied Minor　B. Unaccompanied Member

C. Unable Minor　D. Unable Member

9. 旅客不能自行上下飞机，但在机舱内可以走到自己的座位上去，这种旅客的代码为（　　）。

A. WCHR　B. WCHI　C. WCHS　D. WCHC

10. 盲人旅客、聋哑旅客的英文代码分别是（　　）。

A. BLND、STCH　B. BLND、DEAF

C. STCR、DEAF　D. DEMF、BNLD

11. 从（　　）开始，就已进入了飞行实施阶段。

A. 查班　B. 服务　C. 讲评会　D. 清舱

12. 夜间飞行，客舱温度应保持在（　　）为最合适。

A. 20℃～25℃　B. 22℃～25℃　C. 21℃～25℃　D. 23℃～25℃

13. 禁运物品应在（　　）归还旅客。

A. 旅客登机时　B. 旅客下机时

C. 旅客用餐时　D. 乘务员清舱

14. 旅客下机时客舱灯光应调在（　　）。

A. 100%　B. 50%　C. 20%　D. 10%

15. 为盲人旅客服务时，应由（　　）负责。

A. 旅客　B. 乘务员专人　C. 机长　D. 乘务长

二、判断题

1. WCHR 是指病人完全不能自己行动，需要别人抬着才能到自己的座位上。（　　）

2. 老年旅客在航空旅行中更关注飞行安全问题。（　　）

3. 病残旅客的心理特点是自卑和自尊并存，所以一般喜欢别人的帮助。（　　）

4. 5～12 岁未成年人可以在不备降或预计不会因天气原因转移或跳过目的地的航班上独自旅行。（　　）

5. 婴儿必须有成人陪伴，而且在成人座位旁有合适的婴儿摇篮。（　　）

6. 旅客限制物品送上飞机后应由安全员或主任乘务长保管。（　　）

7. 厨房三清指的是台面清、地面清、水池清。（　　）

8. 洗手间应在落地后立即打开以让旅客使用。（　　）

9. 特殊旅客先下飞机。（　　）

10. 旅客下机后，乘务员立即下机进行航后讲评。（　　）

三、简答题

1. 简述特殊旅客的定义。

2. 孕妇旅客在航班上，乘务员如何为其提供服务？

3. 简述无成人陪伴儿童的承运规定。

4. 乘务员如何在飞行中为盲人旅客提供餐饮服务？

项目七

航后讲评与客舱人员管理

情境引入

一架广州白云机场至上海浦东的航班（19:10 — 21:10）在延误一个小时后终于起飞，飞机平飞后，客舱乘务员开始向旅客提供食品和饮料时，发现41C吴先生睡着了。乘务员小李迅速将自己发明的“旅客睡眠提示卡”贴在前排旅客座椅背后，这样旅客吴先生醒来后乘务员能及时为他提供餐饮服务，避免了以往遗漏等问题，同时也杜绝了旅客的投诉以及对航班服务质量的差评。

项目目标

知识目标：

- 了解航后讲评的重要性；
- 了解航后讲评的内容及如何进行讲评；
- 了解航后讲评也是提高服务水平的重要阶段。

技能目标：

- 掌握飞机落地后旅客不安全行为处置原则；
- 掌握飞机落地后旅客不安全行为处置方法；
- 掌握清舱检查的标准。

素养目标：

- 培养学生分析问题和解决问题的能力；
- 培养创新意识、责任意识和服务意识；
- 培养应变能力、挫折承受力、自我调节能力。

任务一　航后讲评

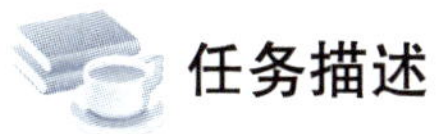

任务描述

航后讲评是乘务工作的最后阶段，是指完成航班任务后的工作讲评。通过本任务的学习，学生应了解讲评的重要性和讲评的主要内容。

活动一　认识讲评的重要性

一、航后讲评的操作与方式

航后讲评是指完成航班任务后的工作讲评，是进一步巩固和提高服务质量的重要环节。航后讲评阶段是乘务工作四个阶段中的最后阶段。航班全部结束后，乘务长应召集全体乘务组人员，认真总结本次航班的服务工作，将在航班上反映出的问题填写在乘务日志上，认真填写客舱故障记录本，对于重大事故要填写重大问题事故报告单。

（一）航后讲评的具体操作

步骤1：乘务长组织讲评会，汇总各区域的工作情况，提出存在的问题及改进措施。

步骤2：反馈与各相关部门的协调、配合情况。

步骤3：认真填写乘务日志、相关单据。

步骤4：做好应急医疗箱、资料箱等物品及文件资料交接。

步骤5：如遇特殊情况及时向有关部门汇报。

（二）航后讲评的方式

1. 乘务长综合讲评

航班结束后，乘务长召集乘务组全体人员到协作室进行航班的总结及讲评。乘务员按照自己的工作表现及所见所闻进行有针对性的互评。对航班中涌现出来的好人好事进行表扬，对工作中的重点把握不当、特殊旅客的服务不足等进行详细说明并提出整改意见。

2. 检查员点评

航班结束后，乘务长召集乘务组全体人员到会议室集合进行航班点评。检查员针对本次航班上乘务员的表现做出客观的评价，对航班中涌现出来的好人好事进行表扬，对工作中的重点把握不当、特殊旅客的服务不足等进行详细说明并提出整改意见。

3. 乘务员自我讲评

航班结束后，乘务长召集乘务组全体人员到协作室集合进行航班讲评，乘务员根据本次航班自己的表现进行自我讲评，取长补短，以助于更顺利地完成今后的服务工作。

二、驻外讲评

（1）总结上段工作完成情况，指出存在的问题及须改进的地方。

（2）组织组员进行相关业务、案例分析及客舱服务简报等学习。

（3）对后续航班进行准备，并提出工作要求。

（4）总结驻外管理情况。

活动二　了解讲评内容

一、特殊旅客服务

特殊旅客是由于某种原因需要在航班上给予特殊照顾的旅客。如在航班中服务老年旅客时，针对老年旅客的特点更应注意耐心、细心、安心、放心，把服务工作做在旅客开口之前。

二、旅客意见反馈

（一）航班延误

航班延误是指承运未能按照运输合同约定的时间将旅客、行李或货物运抵目的地点。导致航班延误的原因是多方面的，主要有天气、航空公司自身的管理（飞机调配、机械故障）、空中管制等原因。

（二）旅客意见反馈的处理原则

（1）全面听取旅客的抱怨。

（2）如可能，应设法改变当时的状况。

（3）信息应及时透明。

（4）航班延误后真诚地向投诉旅客道歉，不卑不亢，体现乘务人员应有的素质，换位思考，耐心给予解释，将情况及时与机长沟通。如该旅客仍不满意，到达时通知地面工作人员及相关部门，及时记录任何情况，包括旅客姓名、地址等。将投诉情况填写在乘务日志上并及时上报相关部门。

三、改进乘务员工作建议

（1）为旅客提供一些弥补性的服务，如将旅客调整到较空的区域、提供头等舱餐食（条件允许的情况下）、提供温水等。

（2）全程关注旅客的感受，多向旅客表达关心及重视，提供以人为本的服务。

（3）原则上乘务员尽量不要为旅客提供书面性材料，如旅客坚持，乘务员可根据当时情况将所看到、听到的事实，客观陈述，避免添加判断性的语言。为旅客提供的纸张一定要正规，合理利用机上配备的信笺。乘务长在自己的飞行箱内可备份一些信笺，以防在交接航班上的缺失。

(4) 无法在机上处理时，应该主动向旅客提供公司运行质量部的投诉电话，为旅客提供倾诉平台。

(5) 乘务长除了在航后日志附页中详细记录外，应在事发航段结束后的第一时间，及时与当日值班经理或负责投诉的工作人员沟通，以保证及时、有效地处理旅客投诉。

任务二　客舱人员管理

任务描述

客舱人员管理涉及的内容较多，范围较大，要求较高。通过本任务的学习，学生应掌握旅客管理和乘务员管理的相关知识，对客舱不安全行为进行有效处置，提高运行品质。

活动一　旅客管理

一、飞机滑行期间旅客站立的处置

(1) 飞机滑行期间如发现旅客站立，应及时广播让旅客入座并系好安全带，等待飞机完全停稳后再站起来。

(2) 如旅客仍未入座，在确保乘务员自身安全的前提下到客舱进行劝阻。

二、飞机滑行期间旅客开启行李架的处置

(1) 飞机滑行期间如发现旅客站立开启行李架，应及时广播让旅客关上行李架，入座并系好安全带，等待飞机完全停稳后再站起来。

(2) 如旅客仍未按提示关闭行李架，在确保乘务员自身安全的前提下到客舱进行处置。

活动二　乘务员管理

客舱乘务员在进行客舱管理过程中，需要通过合理的资源，履行好岗位职责和进行团队配合达到既定的航班目标，完成此任务。

一、管理要求

客舱乘务员应热情大方、主动有礼貌，确保与机组的有效信息沟通顺畅，避免擅作主张。

二、机组配合

乘务员要主动与飞行机组沟通配合，根据机组的要求，了解航路天气及有关信息。

三、机组服务

（1）机组上机后，乘务员主动为机组提供热毛巾、饮料等服务。

（2）为机组提供的饮料应提前倒入杯子内，防止饮料溅出。

（3）根据机长的要求，对机组餐食进行正确的烘烤。

（4）进出驾驶舱，应按照事先的联络暗号执行，防止有人尾随进入。

（5）飞机颠簸时禁止出入驾驶舱，应做好颠簸时的客舱广播。

边学边练

结合以上学习内容，模拟航后讲评阶段的任务。

操作一：请同学们分组，4～5 人一组。

操作二：每个小组选出 1 人为乘务长，其余同学为乘务员。

操作三：每个小组根据要求进行模拟，其他小组要认真观看，并做好记录。

操作四：模拟结束后，同学们进行讨论，指出不足之处，并评选出表现最优秀的一组。

合作实训

4～5 名学生一组，角色扮演，分别模拟乘务长和乘务员，演示遇到如下问题时该如何应对和回复。

1. 旅客登机后看到乘务员在做与工作无关的事，你将如何解决？

你的回复 A：____

____

你的回复 B：____

____

2. 旅客餐食中有金属丝，你将如何解决？

你的回复 A：____

____

你的回复 B：____

____

3. 乘务长组织乘务组召开讲评会的内容是什么？

你的回复 A：____

____

你的回复 B：____

____

4. 检查员进行点评主要从哪几个方面进行？

你的回复 A：____

____

你的回复 B：____

____

项目总结

本项目讲述了航后讲评及客舱人员管理。通过对本项目的学习，学生了解了航后讲评的重要性，掌握了讲评内容、旅客和乘务员管理的有关知识，能够在模拟过程中运用所学知识为旅客提供更好的服务。

◆项目检测

一、单选题

1. 从__________开始，就已进入了航后讲评阶段。（　　）

A. 查班　　B. 服务　　C. 乘务组下飞机后　D. 清舱

2. 航后讲评阶段是乘务工作四个阶段中的最后阶段。（　　）

A. 是　　B. 否

3. 航后讲评阶段由（　　）主持。

A. 旅客　　B. 乘务员　　C. 乘务长　　D. 带飞教员

4. 航后讲评会在机组车上完成。（　　）

A. 是　　B. 否

5. 航后讲评会是由（　　）召集大家开会。

A. 旅客　　B. 乘务员　　C. 机长　　D. 乘务长

二、判断题

1. 航班结束后，安全员工具箱应由安全员归还。（　　）

2. 航后讲评时，乘务长可以当众指责不听话的乘务员。（　　）

3. 航班结束，乘务员可以换上便装开讲评会。（　　）

4. 航班结束，乘务长第一个下飞机。（　　）

5. 旅客下机后，乘务员立即下机进行航后讲评。（　　）

三、简答题

1. 简述航后讲评的定义。

2. 简述航后讲评的具体内容。

参考文献

[1] 杨长进．客舱服务．北京：航空工业出版社，2016.

[2] 韩瑛．民航客舱服务与管理．北京：化学工业出版社，2018.

[3] 中国国际航空公司客舱乘务员手册.

[4] 中国东方航空公司客舱乘务员手册.

[5] 中国南方航空公司客舱乘务员手册.

[6] 海南航空公司客舱乘务员手册.

[7] 民航乘务员职业技能考试标准.